JN410402

강병남 수필집

길 밖에서 길을 찾아

길 밖에서 길을 찾아

강병남 수필집

1판 1쇄 인쇄/ 2016년 11월 25일
1판 1쇄 발행/ 2016년 11월 29일

지은이 / 강 병 남
펴낸이 / 우 희 정
펴낸곳 / 도서출판 소소리

등록 / 제300-2007-21호
주소 03068 서울 종로구 혜화로35, 302-1호
(경주이씨 중앙회빌딩)
전화 / 765-5663, 010-4265-5663
e-mail: sosori39@hanmail.net
www.sosori.net

값 12,000 원

*잘못된 책은 바꿔드립니다.

ISBN 979-11-5891-060-0 03810

길 밖에서 길을 찾아

강병남 수필집

희망을 찾아가는 여정

가을이 무르익고 있다. 황금빛 은행잎이 바람에 흩날린다. 한동안 동고동락했던 정을 뒤로하고 미련 없이 떠나는 잎과 나목의 이별은 성스러운 의식이다. 우리도 저들처럼 초연한 이별을 할 수 있을까? 서로 다른 길을 찾아나서는 그들의 아름다운 여정을 나는 사랑한다.

바람은 스스로 길을 낸다. 용케도 목적지를 향해 거침없이 잘도 달린다. 우리 모두가 가는 길도 행복의 길이기를 소망한다. 현실을 인정하는 삶은 희망의 길이요, 그 위에 꿈을 키우는 것은 미래를 향한 도전의 길이다. 길 없는 곳에 길을 내고 달리는 바람을 보면서 과거에 집착하지 않고 앞을 볼 줄 아는 눈을 키우게 되어서 다행이다.

『길 밖에서 길을 찾아』는 고착화된 일상에서 또 다른 희망을 찾아가는 여정이라 표현하면 옳을 일이다. 정답이 없는 우리의 삶에서 새 길을 찾아 나서는 것은 나의 본능이요, 또 다른 희망을 찾아가는 몸부림이기 때문이다.

꽤 오랜만에 상재한 수필집이다.

평을 써주신 구순의 은사 이상보 박사님, 아름다운 책을 엮어주신 소소리 우희정 대표께 감사의 말씀을 전한다.

아울러 우리 가족 행복의 진령사, 사랑하는 아내와 두 딸들의 격려에 나는 오늘도 어깨춤을 추며 하루를 활짝 열어간다.

2016년 늦가을에

저자 강병남

▷ 차 례

▷ 책을 내면서

1. 가을이 오면

2. 소박한 외출

3. 아름다운 동행

4. 하얀 음악회

1.

가을이 오면

강변의 아침

가을이 오면

바람이 불어온다. 햇살의 두께를 재면서 두꺼비 걸음으로 아장아장 지나간다.

강렬했던 막바지 여름 햇살에 살이 오른 억새들의 울음소리가 가을의 깊이를 노래하고 있다. 가을이 오면 몸도 마음도 허전하게 지쳐가는 변화가 일어난다. 황금물결을 이루는 곡식들의 탐스런 모습을 보면서 내 마음의 곳간을 들여다보게 된다. 사방으로 비어 있는 곳간의 부피만큼 불안하고 쓸쓸하다. 고독을 질겅질겅 씹으며 외로움을 끌어내는 우울함이 찾아오기도 한다.

길게 뻗은 가을햇살을 타고 멀리 바라본다. 봄, 여름을 지나면서 뿌리고 가꾼 내 삶의 군상들이 바람에 날리는 갈꽃처럼 펼쳐진다. 희망과 열정으로 가득했던 지난 봄날의 화려함에 비하면 부족함이 많은 시간들의 켜가 나를 슬프게 한다. 여름 내내 피땀 흘려 가꾼 곡식들을 거둬들이는 농부의 소박한 마음처럼 고울 수는 없는 것일까? 풍년이 아닌 평년작만 된다 한들 슬퍼하지 않고 순한 황소 눈빛으로 현실을 받아들이는 그들의 마음을 닮을 수는 없는 것일까? 혼자 스스로 자문해본다. 돌아보건대 올해도 내 삶의 작황은 평년작은 되었음 직한데 왜 이렇게 허전하고 슬픈 것일까. 그래서 가을은 남성의 계절이라 했던가!

창밖에는 가을비가 내리고 있다. 올해는 여름에 이어 가을 가뭄이 계속되었다. 밭작물 피해가 많다는 농민들의 애절한 바람과 가뭄으로 인해 고운 단풍을 볼 수 없다고 걱정하는 여유로운 사람들의 고민을 하늘이 단비로 들어준 것이다. 서로가 바라는 것은 다르지만 마음의 평화를 얻기 위한 소원은 같은 셈이다.

하지만 강수량은 많지 않다는 예보다. 땅이 그리워 떨어지는 빗방울을 바라보면서 오늘 하루를, 아니 이 가을을 위해 내가 쏟아야 할 소중한 시간들에 대해 상념에 잠긴다. 거북이 등처럼 사방으로 얽히고설킨 삶의 놀이터에서 가장 흥미로웠던 일과 가장 고통스러웠던 일들을 생각하며 얼마나 많은 고민을 해왔는지 돌아본다. 노력 없는 결실이 없듯이 그동안 결과에 매달려 상처를 입은 시간들이 책갈피 되어 넘겨진다. 지나고 보면 세상은 기억에 남는 아름다운 일들이 참 많다.

지난 한 해는 여느 해보다 큰 변화들이 많았다. 지천명의 나이에 접어든 나에게도 예외 없이 우울증이 급습해 왔다. 바쁘게 생활하는 내 일상에서 그놈이 찾아와 자리를 틀 거라는 생각은 상상도 못했었다. 주위 사람들은 바쁜 사람이 그런 것을 키우다니 납득이 안 간다는 표정들이다. 아니 핀잔에 더 가까웠다. 혼자의 힘으로 해결하려고 하면 할수록 더 추락하는 요상한 우울증. 시간이 흐를수록 외로움과 소외됨의 쳇바퀴를 돌고 도는 일상이 달갑지 않게 보였고, 삶에 대한 회의로 이어졌다. 현실에 대한 도전보다 죽음이 더 평화롭다는 생각에 두려움이 없어졌다. 평탄한 길을 그냥 걸어가면 되련만 모로 가야 직성이 풀리는 외골수로 빠져들었다. 환자들은 자신도 모르게 진행되는 변화들을 스스로 감지하기가 쉽지 않다. 우울증은 옆에서 도와주는 사람들이 꼭 있어야 쉽게 그 수렁에서 벗어날 수 있다.

다행히도 난 주위에 좋은 분들이 많아 그분들의 권유로 병원을 찾게 되었고, 쉽게 정상의 삶으로 돌아오게 된 것에 늘 하나님께 감사한다. 예리하게 날 관찰해주신 S소아과 박경숙 원장님, 곁에서 손과 발이 되어준 사랑하는 아내, 밖에서 늘 포근한 눈빛으로 감싸주며 이끌어 주신 정 넘치는 K선생님… 모두가 하나 같이 고마운 분들이다.

각박한 현실에서 정신적 충격은 스트레스로 우리 몸에 침투한다. 그 바이러스를 일찍 발견하면 할수록 치료도 빨라진다. 우울증은 누구나 느끼며 지나가는 현대인의 아픔이다. 정도의 차이는 있지만 대부분 사람들이 느끼는 보편적인 일상의 과정이다. 그것이 나에게 오리라고는 예상하지 못했던 것처럼 대부분의 사람들도 자신들은 예외라고 생각한다. 삶과 죽음의 경계가 무너지고 작은 충격에도 쉽게 동요하는 분위기에 접어들면 일단 의사의 검진을 받아야 한다. 복잡다단한 현실을 살면서 일상으로 나타나는 현상쯤으로 생각하면 자칫 돌이킬 수 없는 상황에 빠지게 된다.

나는 여러 사람의 도움으로 일찍 그 수렁에서 벗어났지만 결코 달갑지 않은 손님임을 깨달은 셈이다.

남자들은 나이가 들수록 갈꽃 피는 가을이 오면 허전함을 더 느낀다. 떨어지는 낙엽을 밟으면서 고독의 절정을 노래하기도 하고 시간의 흐름을 슬퍼한다. 내가 올 가을에 느낀 감정은 예년에 느꼈던 일상적인 쓸쓸함이나 고독감은 아니다. 나를 위해 애써주신 분들에 대한 그리움이다. 그분들을 위해 아직 내가 해드린 것이 없기에 허전하고 슬픈 것이다. 가을이 가기 전에 그분들을 위해 낙엽에 얼룩진 추억의 향기를 모아 사랑의 곳간을 가득 채울 수 있는 시 한 수 올려야 할 텐데….

또 바람이 분다. 떨어진 낙엽이 정처 없이 굴러간다.

어둠이 비를 삼키고 있다. (2008)

선 물

누구나 한 번쯤은 선물로 인해 고민해본 적이 있을 것이다. 선물을 잘 고르면 받는 사람과 주는 사람이 기쁨을 공유할 수 있어 좋다. 나누는 기쁨을 누릴 줄 아는 사람은 행복한 사람이다. 받는 기쁨은 순간이지만 나누는 기쁨은 두고두고 덤을 붙여 돌아오기 때문이다.

나는 선물을 고를 때 가슴앓이를 많이 하는 편이다. 내 마음에도 들어야하고 상대의 마음에도 흡족해야 한다는 원칙이 있기 때문이다. 서로 교감이 이루어지지 않은 선물은 오히려 의도하는 방향을 벗어나 기분을 상하게 할 수도 있다.

우연한 기회에 선물을 받은 적이 있다. 분명 기쁜 마음으로 주셨을 텐데 받은 나에게는 쓸모가 없어 고마움이 반감되었다. 선물을 고를 때는 용도에 따라 다르지만 깊은 고뇌 속에서 선택하면 실패확률도 줄어든다.

나는 선물을 선택할 때 몇 가지 기준을 둔다.

첫째로 값의 고하(高下)는 별 관심을 두지 않는다.

둘째, 귀하고 흔함을 구분하는 것을 중요시 여긴다. 귀한 물건일수록 가치가 있을뿐더러 받는 이의 마음도 흡족해지기 쉽다.

셋째, 내가 받는다고 생각하는 마음을 갖고 고른다.

이 세 가지 기준에 부합해서 선택하면 적어도 성공했다고 본다. 일반적으로 선물은 주는 거라고 생각한다. 준다는 느낌과 받는다는 느낌은 다르다. 준다고 생각하면 마음이 위축되고, 받는다고 생각하면 마음이 넓어진다.

사람마다 무수히 많은 선물을 주고받지만 오래도록 기억에 남는 것은 드문 일이다. 내가 선물을 신중하게 고르게 된 성격도 부모님으로부터 물려받은 소중한 자산이다.

어린 시절이 떠오른다. 우리 부모님은 시골에서 농사를 지어 좋은 것은 시장에 내다 팔고 남은 재지기를 먹고 살았던 기억이 새롭다. 궁색한 살림에 보태기 위해서였다고 생각할 수도 있겠으나 그분들의 마음은 언제나 돈보다 정성이 우선이었다. 그러니 남에게 그중 나은 것을 줄 수밖에 없었다. 이왕이면 다홍치마란 말을 입에 달고 사셨으니 말이다. 그런 부모님의 삶에서 얻은 지혜로 보면 옳을 일이다.

20년 전 일이다. 내가 가장 보람된 선물이었다고 자부하게 된 사건이 있었다. 그때만 해도 소화기를 비치한 가정이 흔치 않았던 시대다. 지역을 위해 작은 나눔을 갖고자 거래하는 단골고객들에게 300여 개의 소화기를 선물로 나눠드린 적이 있다. 직접 방문해 화재의 위험이 항상 노출된 주방 벽에 설치해준 것이 의외로 좋은 반응을 얻어 큰 보상으로 되돌아왔던 기억이 지금도 생생하다. 보상을 염두에 두고 한 것은 아니었지만 신중하게 선택해서 고른 결과가 좋게 나타난 것이다.

선물할 기회가 생겨 어떤 것이 좋을까? 하고 나에게 물어오면 나는 지체 없이 상대방을 그려보라고 말한다. 붓을 들고 상대의 스타일과 성향, 환경과 취미 등을 그려보면 의외로 쉽게 정보를 얻을 수 있다. 머리로 생각하는 것과 눈으로 그리면서 생각해 내는 것은 크게 다르다. 시각화를 시키면 보다 현실적으로 접근할 수 있다. 선물은 마음의 표현이다. 결코 소홀이 해서는 아니 한 것만 못하기 때문에 정성을 쏟아야 하는 이유이기도 하다.

얼마 전 야생화 기르기에 심취해 있는 K권사님 집을 방문했다. 야생화는 실내에서 기르기가 여간 까다롭다. 물주기에 실패하면 녹아 없어지는 일이 허다하다. 초보실력 치고는 솜씨가 뛰어나 베란다 한켠에 작은 동산을 들여다 놓은 듯 매무새 있게 화분이 진열돼 있었다. 한때 화초에 빠진 적이 있는 내 경험을 들려주며 몇 가지 조언을 해드렸다. 화초를 좋아하는 사람은 마음이 곱고 여리다. 처음엔 하나, 둘 사는 맛에 취하고, 한 잎 두 잎 새싹 돋아남이 신기해서 정성을 쏟게 된다. 꽃이라도 피게 되면 황홀해서 또 사게 되다가 죽어가는 모습을 보게 되면 안타까워서 다시 구입하게 된다. 그쯤 되면 욕심이 생겨 분재로 눈을 돌리게 된다.

아직 첫 단계 수준인 K권사님은 석부작에 관심이 많으셨다. 자연석에 이끼를 말아 붙인 콩난이나 풍난이 꽃을 피우는 모습이 그렇게 좋아보였단다. 그 말을 듣는 순간 표현은 안했지만 나는 고민에 빠지게 됐다.

상대의 마음을 알게 된 나는 생각할 겨를도 없이 우리 집에 있는 백두산 화산석을 드려야겠다고 마음먹었다. 오래전에 어렵게 구입한, 내가 제일 아끼는 석부작이었다. 채석의 빗살을 바라만 봐도 천태만상의 야생화가 영롱한 눈빛으로 수를 놓고, 백두산의 정기가 흘러나와 천지의 맑은 물이 금방 쏟아질 것 같은 모양새였다. 한 주가 지난 후 백두산 화산석부에 이끼와 풍란, 콩난을 심고 물줄기까지 흐르게 만들어 선물로 드렸다. 뛸 듯이 좋아하시는 마음이 내가 갖고 느끼는 감정보다 훨씬 커 보여 돌아오는 발길이 한결 가벼웠다.

돌도 내가 다하지 못한 정을 듬뿍 받으리라 생각하니 이별도 기뿜으로 다가왔다. 흡사 잘 키운 딸자식을 믿음직한 곳으로 시집보낸 심정이었다.

나는 20년 전 선물을 나누면서 느꼈던 그 호사를 지금 또 다른 감정으로 느끼고 있다. 선물은 받아서 좋고 주는 맛이 더 좋기 때문이다. (2013)

지금은 열애 중

7월의 햇살은 무더위를 알리는 첨병이다. 앞뒤 돌아볼 여유도 없이 심신을 지치게 하는 마력을 지녔다. 따갑게 내리는 정오의 햇살을 받으며 서오릉으로 달렸다. 그곳에는 내가 즐겨 다니는 맛집이 있다. 몸이 나른해져 입맛이 떨어지거나 유년 시절의 추억이 그리울 때 찾곤 한다. 이름부터가 거리감이 없는 '주막집'이다. 주 메뉴가 된장에 새우와 시래기를 넣고 끓인 얼큰한 수제비와 촉촉하게 구워 올린 코다리가 일품이다.

먹는 즐거움도 있지만 주변에 늘어선 화원에는 갖가지 식물들이 즐비하게 진열돼 있어 보는 즐거움도 덤으로 느낄 수 있어 좋다. 꽃을 좋아하는 나는 화원을 구경하다 간간이 예상치 않았던 횡재를 얻기도 한다. 일석이조의 호사를 누리는 셈이다.

식사를 마치고 돌아오는 길가 화원 잔디밭에 요염한 자태로 한 들거리는 분재에 눈이 꽂혔다. 내 눈에 홀린 자미화(紫微花)를 우리 집 식구로 맞아들였다. 내가 좋아하는 나무인데다 특이한 모양의 분재라서 망설일 이유가 없었다. 혼자 짝사랑을 하다 외나무다리에서 절묘하게 만나는 희열이 어디 이만할까? 나의 돌발행동에 아내의 눈빛이 붉은 꽃잎으로 가득 피어올랐다.

나이는 서른 이상 추정, 키는 옹기 분을 포함해 겨우 세 뼘, 고향은 아랫녘 어디? 하체는 무릎을 꿇고 기도하는 소녀상 같기도 하고, 가슴에 새끼를 안고 뛰기 직전의 캥거루 모습 같기도 하다. 꽃망울을 달고 바람을 타고 노는 가지는 물오른 꽃사슴 뿔처럼 쭉 뻗은 기개가 영락없이 걸 그룹 댄싱 퀸이다. 이게 우리 집 옥상 작은 정원에 입주한 새 식구의 신상명세서다.

본시 저놈의 고향은 척박하기 이를 데 없는 비탈진 낭떠러지가 분명할 거다. 모진 비바람과 눈보라를 이겨낸 상흔이 고스란히 몸뚱이에 그려져 있으니 말이다. 어느 날 분재 사랑에 목매인 자의 눈에 띄이 낯선 도시로 끌려와 관리를 받고 생을 이어가던 귀한 놈이라 생김새 못지않게 활력이 대단하다.

부귀와 절개, 청렴을 상징하고 '떠나간 벗을 그리워함'이 꽃말이다. 이름도 배롱나무, 목백일홍, 자미화, 만당홍 그리고 간지럼나무로 알려져 있다. 내가 유독 만당홍을 좋아하는 이유는 여인의 나신을 연상시키는 매끈한 몸매도 아름답지만 이글거리는 칠월의 태양빛을 받아 가지 끝에 원뿌리 모양으로 꽃대를 올려 송이송이 백일 동안 피고지기 때문이다.

굳이 꿰어 맞추자면 내가 태어난 달도 칠월이다. 불볕더위를 이겨내며 세상과 첫 대면을 한 나와, 이글거리는 햇살에 맞서 실한 꽃대를 올리는 습성이 비슷하다고나 할까? 전생에 함께하지 못한 아픔이 그리움으로 남아 진한 향수를 느끼게 하는지도 모른다. 그게 아니라면 유독 좋아하는 이유를 찾을 길이 없다.

성공의 비결 중 '필요하면 값을 지불하라'는 말이 있다. 무언가 애타게 갈망하면 이룰 기회가 찾아오기 마련이다. 어렵게 찾아온 기회를 놓쳐 후회하지 말라는 뜻이다. 그 말을 마음에 새겨 과감히 실행한 끝에 나는 지금 애틋한 정분을 나누고 있는 중이다.

우리는 다양한 세상에 살면서 원하는 욕구가 충족되기를 늘 갈망한다. 원한다고 다 이루지는 못한다. 이루지 못한다 해도 돌이켜 보면 서운할 것도 실망할 것도 없다. 갖는다는 것은 잠시 내게 머물게 하는 작업일 뿐이다. 만나는 순간 이미 헤어짐을 예약하기 때문이다. 영원히 내 것일 수는 없듯이 소유는 어느 것 하나 영원한 게 없다. 시간이 흐르면 스스로 제 갈 길을 찾아 떠나기 마련이다. 필요에 따라 함께하는 동안 누릴 수 있는 호사를 마음껏 누리면 되는 것이다.

나는 오랫동안 배롱나무분재를 갖기 원했다. 여러 해 동안 내가 원하는 수형을 찾지 못해 갈망해왔다. 자기 품에 온 지 10여 년 가까이 온갖 정성을 다해 보살폈다는 전 주인 아가씨의 말이 귓전을 맴돈다. 생이별을 당하지 않으려면 당신보다 더 많은 정을 쏟으라는 경고의 메시지로 들렸다. 일방적인 나의 간절한 요구에 얼떨결에 생이별을 할 수밖에 없었던 상황이었기 때문이다.

우리 집에 온 지 1주일이 지났지만 보면 볼수록 설레고 황홀함을 느낀다. 생이별을 하고 왔지만 시신 기색 없이 생기가 돈다. 언젠가는 나와 이별을 해도 새 주인을 만나 매몰차게 나를 외면하겠다는 암시로 받아들여야 할 것 같다. 그것이 자연의 순리요 법칙이다.

식물도 사람처럼 정을 나눌 줄 안다. 애절하게 배필을 갈망했던 노총각이 마음에 쏙 드는 상대를 만난 기쁨이랄까? 우리는 이른 아침 조우를 하면 누가 먼저라 할 것 없이 스킨십으로 시작한다. 손으로 어루만지면 앙증스럽게 온몸을 바르르 떤다. 떠는 율동이 소름을 돋게 한다. 주면 줄수록 깊어지는 정.

2, 3일이 지나면 부풀어 오른 붉은 꽃망울이 터질 기세다. 하루하루가 출산을 앞둔 산모 앞을 지키는 심정이다. 밤하늘을 수놓을 폭죽처럼 이글거리는 태양을 향해 빵긋 터트릴 그 순간을 위해 축배를 준비해야 할 것 같다. (2014)

헛걸음

세 번째 헛걸음이다. 기가 빠지고 맥이 풀릴 만도 한데 그렇지 않은 연유가 어디에 있는 걸까. 도대체 어딜 간 것일까. 궁금증이 나고 걱정스런 마음이 생기는 이유는 또 뭘까. 내가 갈급해서 찾아간 곳이지만 밝은 미소로 반겨주길 내심 바랐는데 인기척이 없어 허탈하다. 다른 곳에 가면 기다렸다는 듯이 반가운 눈빛으로 맞아줄 게 뻔한데 알면서도 발길을 돌리지 못하고 집착하는 내 성미도 어지간히 보수적이다. 한 번 믿음이 가면 변절을 모르는 우직함 때문이리라.

이래저재 벼르다가 한 달이 쉬 지나갔다. 이번에도 일방적으로 찾아간 셈이다. 사무실에서 4차선 도로를 가로질러 걸음을 재촉한다. 가로수 잎사귀를 훑고 지나온 초록 바람을 안고 빛바랜 머리카락이 나부낀다. 감춰진 두피에 숨통이 트임을 직감한다. 상쾌한 느낌이 오늘은 꼭 만날 것 같은 예감이다.

목적지가 눈에 들어온다. 가려진 유리창 틈으로 연한 형광등 불빛이 새어나온다. 발걸음에 힘이 붙는다. 만남을 극대화할 속셈으로 힘주어 출입문을 잡아당긴다. 아뿔싸, 평소 같으면 손가락 힘으로도 열릴 문이 어깨 힘까지 가했지만 끄떡하지 않는다. 안을 들여다본다. 인기척이 없다. 화장실이라도 갔을까? 초조하게 기다려 봤지만 오늘도 헛수고라는 예감이 든다. 무슨 연유인지 궁금증이 돋는다. 십여 분이 지나고 유리창에 새겨진 번호로 전화를 한다.

"어디 계신가요?"

"오늘 오후에 퇴원합니다. 급성요로결석으로 입원을 했습니다."

발길을 돌린다. 네 번째 헛걸음이다. 네 번씩이나 헛걸음을 하게 만든 이곳은 단골이발소다.

또 한 달이 지났다. 토요일 늦은 오후였다. 오늘만은 틀림없으리라 벼르고 갔지만 보기 좋게 또 허탕이다.

언젠가부터 마음 놓고 드나들 이발소 찾기가 힘들어졌다. 분명 이발소를 표시하는 삼색회전등을 보고 들어갔는데, 이발사는 없고 화려하게 차려입은 여인들의 쉬어가란 코맹맹이 말에 뒤통수를 긁적이며 나온 적이 있다. 남성휴게실, 발관리, 피부관리 등 변절 영업을 하고 있다. 겉과 속이 다른 속임수다. 이후부터 이발소 찾기가 쌀밥에 뉘 골라내기보다 더 힘들다. 한동안 미용실을 이용했지만 왠지 정감이 가지 않았다. 양털을 깎듯 전동가위로 쉽게 밀어 올리는 것이 영 맘에 내키지 않았다. 차라리 머리카락을 기르는 게 낫겠다고 억지를 부리기도 했다. 혹자는 예술가 티를 내려는 건방증이 들어갔다고 질책할지 모르지만, 이발소 찾는 번거로움에서 해방되고픈 생각에서였다.

그분과의 만남은 5년 전이다. 이사를 하면서 가죽소파를 재활용센터에 보내기 위해 길가에 내놓고 필요하신 분은 가져가도 좋다고 써 붙인 것이 인연으로 이어졌다. 그분은 정년퇴임을 하신 뒤 젊었을 때 배워둔 이발 기술로 '모범이발소' 개업 준비를 하느라 소파가 필요하다고 했다. 철저한 원칙주의자요, 소신이 뚜렷한 분이었다. 대화 중에 곁들인 위트에서 해박한 지식이 흘러나오기도 했다. 매일 정성껏 도시락을 싸준다며 아내 자랑을 할 때는 수줍은 소년이었다. 이발할 때도 전동기계를 쓰지 않고 빗과 가위로 다듬고 자른다. 사각사각 가위소리를 들으면 흐트러진 자세를 바로잡아 주는 것 같아 경건해지기도 한다. 내 마음에 꼭 맞는 집이다.

머리를 길러보겠다는 나의 환상은 무더위와 장마 앞에서 깨지고 말았다. 더벅머리에 익숙지 못한 탓도 있지만 생각했던 것과 달리 불편함이 한두 가지가 아니었다. 덥수룩한 나의 모습이 주위사람들에게 거부감은 주지 않았을까 하는 생각까지 겹쳤다. 내친김에 찾아간 이발소. 오늘은 문이 열려있다. 반가운 마음으로 문을 열고 들어갔다.

"헛걸음 시켜드려 미안합니다."라고 인사를 건네는 주인장 얼굴이 수척해 보인다. 의자에 앉혀놓고 정성스레 가위질을 한다. 덥수룩하게 자란 머리카락이 사각사각 잘려 나간다. 덩달아 몸도 마음도 가벼워진다. 거울에 비친 얼굴이 10년은 젊어 보인다.

"석 달 치를 받아야 하는데 한 달 치만 받을게요."

따스하고 투박한 정이 말끝에 묻어난다. 이런 위트와 사각거리는 가위소리는 내 마음을 아련한 향수에 젖게 해서 몇 번의 헛걸음도 아깝지 않다. 내가 이 집을 찾는 이유이다.

오늘은 운수 좋은 날이다. (2013)

효우천(孝牛泉)

중국 운남성 곤명 서산에는 효우천이 있다. 절벽 중턱에 사방 1m가 채 안 되는 우물 안쪽엔 조각된 송아지가 있고, 우물 밖 언저리엔 어미 소가 앉아 있다. 암벽에 우물이 있는 것도 신기하지만 그 우물에 대한 전설을 만들어 소개한 중국인의 효 사상에 놀라지 않을 수 없다.

어미 소의 머리를 만지면 자식들이 효를 행한다는 전설에 따라 서산 용문을 찾는 관광객들이 이곳을 지나면서 어루만진 소머리는 윤기가 반질거린다. 효를 기대하는 것조차 사치로 여겨지는 이기적인 현실이 아쉬워서일까? 이곳을 지나는 사람들마다 마음속으로 효를 생각하는 것만으로도 만족이다. 발걸음을 옮기지 못하고 만지고 또 만지는 사람들의 가슴에 새겨진 전설의 의미가 무엇일까?

'옛날 곤명에 조오라는 백정이 살았는데 우시장에 가서 송아지가 딸린 암소를 사왔다. 장날 아침에 어미 소를 잡으려고 숫돌에 칼을 갈고 있을 때 갑자기 밖에서 '조오야' 하고 부르는 소리가 들렸다. 칼을 갈다말고 밖으로 나갔으나 아무도 없었다.

다시 돌아왔을 때 숫돌 앞에 두고 간 칼이 없어졌다. 한참 찾다보니 외양간에서 송아지가 배아래 칼을 깔고 누워서 큰 눈에 눈물방울을 떨어뜨리고 있었다. 송아지와 눈이 마주친 조오는 어미를 죽이지 말라고 애원하는 송아지의 감동적인 행동에 큰 충격을 받았다. 그길로 백정 일을 그만두고 소 두 마리와 함께 서산으로 들어가 농사를 지으며 살았다. 세월이 지나 어미 소는 죽고 송아지가 어미 소가 되어 조오를 도왔다.

그곳 서산에는 물이 나지 않는 돌산이다. 산중턱에 사는 조오는 매일같이 산 밑에 내려가서 물을 길어오곤 하였다. 어느 때부턴가 소는 뿔로 돌산을 쪼아서 샘을 파기 시작했다. 뿔이 다 닳아 피가 나도록 땅을 파자 그곳에서 맑은 샘이 솟아났다는 전설이다.

엄마소를 살려달라고 애원했을 때 그 소원을 들어준 주인에게 보답하는 송아지의 효행이 중국 사람들의 마음에 오래도록 아름다운 이야기로 전해오고 있다.' 효우천의 유래다.

전설로 전해오는 이야기지만 마음이 짠하도록 감동적이다. 300여 미터나 되는 절벽 협길을 타고 내리면서 보고, 듣고, 생각하는 즐거움까지 얻을 수 있도록 작은 것에도 의미를 부여하는 중국인의 지혜가 돋보이는 여행지였다.

숨 가쁘게 달려온 나를 뒤돌아보게 하는 곤명에서의 연말연시가 희망으로 피어오른다. 여행이 주는 뜻밖의 행운이다.

소만도 못한 사람이 되지 않기 위해선 효의 근본을 이해하고 실천하는 노력을 게을리 해서는 안 될 것 같다. 효의 근본은 도리를 지키는 보은이 아닐지 싶다.

공자는 『효경(孝經)』에서 효를 인간이 갖춰야할 최고의 덕목으로 꼽았다. 세월이 변했어도 효의 근본이 없어질 리는 없다. 눈을 감고 효의 본질을 음미해 본다.

'신체발부 수지부모(身體髮膚 收支父母), 불감훼상 효지시야(不敢毁傷 孝之始也), 입신양명 이후세(立身揚名 以後世), 이현부모 효지종야(以顯父母 孝之終也). 즉 사람의 신체와 머리털과 피부는 모두 부모에게서 받은 것이니 감히 훼손하지 않는 것이 효의 시작이고, 자신의 인격을 올바르게 세우고 도리에 맞는 행동을 하여 후세에 이름을 날려 부모님을 드러나게 하는 것이 효의 끝이다.'

전자는 어렴풋이 따른 것 같은데, 후자는 영영 묘연할 것 같으니 나의 삶은 반효(半孝)에 그칠 것이 뻔하다.

여행은 보고 듣는 것에 국한되지 않는다. 잊고 살았던 지난 시간을 돌아볼 수 있는 생경한 이야깃거리가 있어 끌리는 것이다.

그 끌림을 찾기 위해 나는 오늘도 다음 행선지를 고민한다.

거꾸로 가는 나이

세월 가는 초침이 보이는 나이에 접어들었다.

세상을 보는 눈은 개개인의 척도에 따라 다르겠지만 나는 불혹에 접어들어 겨우 존재한다는 사실을 느끼게 되었고, 인생의 흐름을 눈치 채게 되었다.

소박하고 천진난만한 10대는 자연과 함께 벗하며 어렵사리 보냈고, 주장이 강하고 저돌적인 20대는 신성한 국방의무를 시작으로 젊음의 혈기를 앞세워 풍진 세상을 쫓아다니며 살았다. 사회적 기반을 찾아 동분서주로 뛰던 30대는 결혼하여 식구가 늘어나고 가정경제의 기틀세우기에 몸과 마음이 지쳐 양보와 타협보다는 실리를 찾아야 했고, 나보다는 가족을 생각하는 감정에 묻혀 살아야 했다.

인체 구조학적으로 보면 가장 힘 있고 다양한 기능과 능력을 발휘하는 허리부분에 해당하는 시기였다. 나름대로 열심히 살았고, 또한 보람도 얻었다. 뒤돌아보면 실패한 삶을 살지 않았으니 다행이요. 부끄럽지 않게 일했으니 보람도 느낀다.

불혹의 중반에 오르니 외부에서부터 변화가 일어난다. 머리엔 새치가 돋아나고 일상에서도 패기를 앞세운 도전보다는 안정을 추구하는데 더 신경이 쓰인다. 실리보다는 합리적인 사고를 선호하고 강한 주장보다 양보와 타협을 찾는 중후한 멋이 들기 시작한다. 사랑하는 사람들이 모여 사는 가족이란 영속적인 또 하나의 집단에 예속되어 가는 수순일지 모르지만 인간은 태어나면서부터 육신을 제 맘대로 할 수 없는 한계가 주어져 있기 때문일까? 무책임한 행동과 사고는 점차 퇴화하는 대신 사랑과 봉사의 의미에 관심이 늘어가는 것이다.

불혹의 중반은 내 자신이 인정해 주지 않은 나이지만 어디까지나 마음일 뿐 외부에서 보는 눈은 나의 의지와는 상관없이 다르게 나타난다. 이럴 때 나도 모르게 나약해진 내 자신을 돌아보며 위로를 한다. 80세에 비하면 유아기요, 60세에 비하면 소년기요. 50세에 비하면 청년기라고 자위를 해보지만 마음이 편치 않은 걸 보면 마음 한구석에 내가 생각하는 이상의 나이가 차있는 것을 발견하게 된다.

대부분의 사람들이 경험했던 바이지만, 나 역시도 나이에 비해 조숙하게 살아왔다. 나와 일맥상통하는 사회 벗님들은 작게는 5년 이상의 연배들이다. 그러나 어느 순간부터인지는 잘 모르겠으나 슬그머니 나이를 낮추는 하행 지향적인 논리를 펴기 시작했다. 형님보다는 동생이란 단어가 솔깃하게 들리고 선배동료 보다는 후배라고 불릴 때 고마움을 느끼게 된다. 이러한 속임수가 젊음을 보상받으려는 작은 술책에 불과하지만 위안이 되고 기쁨이 되어 지난 시간들이 새롭게 다가오는 느낌이다.

물리적인 논리에는 어긋날지 모르나 나를 아는 사람들이라도 나이는 묻지 않았으면 하는 의미에서 서슴없이 33세는 나의 고정된 나이라고 어느 날 선포를 했다. 내가 걸어온 시간 중에 가장 정열적인 시기였고 듣는 어감도 좋은 삼삼한 나이기에 싱싱한 느낌을 갖기에 안성맞춤인 것 같았다. 실제로 나이를 그렇게 봐주신 분들이 있다. 그분들을 나는 심히 존경한다. 그분들 역시 젊은 마음을 소유한 사람일 테니 나날이 젊어지길 기원까지 해드리고 싶어진다. 그래서 요즘 내 인사는 '젊어지셨네요'가 주종을 이룬다. 듣는 분이 좋아하는 모습을 보면 덩달아 내가 젊어지는 전율을 느낀다.

내가 나이를 고정시켜둔 진정한 이유는 누구도 예측하지 못할 앞으로 닥쳐올 내 생의 흐름에 대한 준비일 뿐이다. 때문에 세련되고 성숙된 능력에 젊음을 접목시켜 보다 활기차고 당돌하게 세

태의 흐름에 적응해 보자는 뜻이다. 물리적인 나이에 얽매이지 않고 삶의 내면적인 질적 향상을 위한 조용한 몸부림쯤으로 생각하면 될 것이다.

떠오르는 태양은 가슴 벅찬 희망으로 우리를 유혹하지만 지는 해는 완숙을 생각하는 황홀한 매력으로 그 오묘함을 대신한다. 뜨고 지는 희열을 모두 받아들일 수 있는 중년의 고귀한 삶을 오래 지속하기 위해 나는 오늘도 나이를 거꾸로 타고 달린다.

믿을 수 없는 내일보다 오늘 펼쳐지는 내 앞의 시간에 대해 최선을 다하는 마음으로 매달리기 위해 논리적인 나이쯤은 잊어보고 싶다.

인생은 걸어 지나가는 것과 같다고 하지 않던가? 거꾸로 달려본들 내게 주어진 시간적 생의 공간이 늘어나는 행운은 오지 않을 것이다. 다만 밀려오는 시간을 육신이 허락하는 부분까지 늘 싱싱하게 가꾸고 싶은 것이다.

사람들이여! 젊어지길 원하거든 매일 순탄한 시간을 갖고 싶어하지 말라. 많은 변화와 굴곡이 난무하는 창조의 시간을 가꿔나가라. 그 순간마다 대응하는 번뜩이는 지혜 앞에 나른한 세포가 파랗게 살아나고 있음을 느끼게 될 테니까.

찰랑찰랑한 금희의 머릿결처럼 가느다랗게 쭉 뻗어 흘러내리는 시간들을 나는 종종 새끼 꼬듯 배배 꽈보기를 즐긴다. 꽈 돌아가는 고개를 넘다 부러지는 놈, 잘 타고 넘는 놈, 부둥켜안고 우는 놈, 제 혈기에 못 이겨 오두방정을 떠는 놈, 제자리로 돌아가는 놈. 이런 저런 시간의 놈들을 부둥켜안고 놀다보면 나도 모르게 어느새 저만치 젊어져 있게 된다.

어둠이 엷어져 내린다. 시간의 흐름이 유일하게 시각적으로 감지되는 꼭두새벽이다. 홈바의 자그마한 창틀 위에 소담스럽게 둥지를 튼 진보랏빛 사랑초가 밤새 접었던 잎에 생기를 심느라 몸살 중이다. 사랑초는 빛에 따라 움직이는 다년생 화초다.

손가락 끝에 매달린 저림이 온몸으로 퍼져나간다. 잠든 세포가 깨어나고 있다. 초침이 시침으로 보이는 몽롱한 상태다.

지금 나는 젊어지느라 몸살 중이다.

(2000)

건강한 삶

유난히 흔한 장맛비로 올 여름 산야는 온통 푸르름으로 뒤덮였다. 그 여세를 몰아 수단이 좋은 사람들은 올 가을 고운 단풍을 미리 예견하고 준비하는 발 빠른 행보를 하기도 했다. 그러나 그들의 기대는 가을 가뭄이란 복병에 주저앉고 말았다. 마지막 잎새까지 곱게 물들어 떨어질 꿈에 부풀어 있던 나뭇잎들이 수분부족으로 제 색깔을 내지 못하고 메말라 떨어지고 있다. 단풍으로 유명세를 떨치던 산들도 올 가을은 찾아오는 사람들에게 미안해하듯 고요하다.

세상살이가 어렵다고 야단들이다. 정부의 부동산 억제 정책에도 불구하고, 집값은 오르고, 전세값이 폭등하는 결과를 낳고 있다. 위정자들은 속 타는 우리 시대의 아픔을 얼마나 알고 있을까? 제

색깔을 내지 못해 미안해하는 산들처럼 그들도 미안한 마음을 가졌으면 하는 생각이다. 예측과 결과가 일치한다면 그것보다 좋은 운수가 어디 있으랴! 세상사 붙잡아 둘 수 없듯이 예측과 결과가 반타작만 된다한들 반은 성공인 셈이다. 그러나 이 시대의 우리들은 어렵다고 야단들이다. 가진 자나 못 가진 자 할 것 없이 모두가 어렵다니 참 이상한 현실이다. 갈팡질팡 정부 정책이 머뭇거리는 동안 근면하고 부지런한 우리의 참 모습을 잃어가고 있는지도 모른다.

어려움 속에서도 비굴하지 않고 묵묵히 자기 일에 매달리는 사람들이 아름답다. 밤잠을 잊고 일하는 시장 사람들, 새벽바람을 안고 거리로 나서는 환경미화원들, 외판을 놓고 손수 만든 제품을 파는 젊은이들, 어둠을 모르고 연구에 몰두하는 연구원들, 올바른 판결을 위해 소명자료들을 탐독하는 법관들, 궂은 일 마다않고 헤쳐 나가는 외국인 노동자들… 그들을 볼 때마다 나는 일에 대한 열정을 온몸으로 느끼며 힘을 얻기도 한다. 가을 가뭄에 메말라 가는 잎들 중에도 유난히 곱게 색을 내는 잎이 있듯이 우리 사회의 구석진 곳에서 말없이 살아가는 사람들이 아름다울 뿐이다. 그들이 항상 건강한 삶을 누릴 수 있길 마음으로 기도하고 있다.

고통은 스스로 느끼는 자만이 쉽게 극복할 수 있고 희망은 찾아 나서는 사람들이 가질 수 있는 유일한 행복이다. 나는 이 말에 순응하며 살아간다.

요즘 나는 히말라야 지하 300미터 소금광산에서 놀고 있다. 2억 5천만 년 전 지각변동으로 형성된 청정지역에 갇혀 있으니 지친 일상에도 불구하고 심신의 피로를 느끼지 않는다. 어렵다는 시기에 내가 하는 일에 이 업종을 확장한 이유도 나의 1등 자산인 일에 대한 집념과 소신이 있기 때문이다. 자기 일에 매달리는 아름다운 사람들 무리에 들고 싶어 욕심을 부린지도 모른다. 그렇다고 남들처럼 사업이나 장사에 능한 것은 아니다. 나를 믿고 찾아주는 사람들에게 변하지 않은 의리와 소신으로 새로운 것을 찾아 보급하고 전하고 싶은 마음이 앞서기 때문이다.

내가 본 서구의 사람들은 다분히 가정적이고 예방적인 삶을 살고 있었다. 그들은 언제나 친환경적인 삶에 젖어 살아가려 노력하는 모습이 인상적이다. 친환경적인 삶의 원조는 우리가 아니던가! 자연에 순응하며 심는 대로 거두던 지난 세월을 뒤돌아본다. 맑은 하늘에 구름이 내리듯 지금 우리의 현실은 친환경적인 삶과는 동떨어져 있는지도 모른다. 무분별한 개발에서 얻어지는 득보다 실이 우리의 삶을 힘들게 하는 원인이 될 수도 있다는 생각이 든다. 급성장한 경제적 풍요에서 온 부작용이라 치부하기엔 아쉬움이 크다.

우리의 일상은 가정적이기보다는 외부행사에 치중하고, 예방적이기보다는 즉흥적인 삶에 의존하는 편이 강하다. 뒤돌아볼 여유

없이 숨 가쁘게 달려온 탓일까? 경제적 부의 창출에 비해 질병 발생빈도는 아직도 후진국 수준으로 증가하고 있다. 어려운 시절을 보내면서 급박한 상황에 여유 없이 대처했던 삶이 우리도 모르게 타성으로 굳어진 것일까?

후진국 병으로 치부되는 결핵이 일부 학교에서 집단으로 발병됐다는 매스컴 보도는 이 시대를 사는 우리 모두를 슬프게 한다. 병원비로 지출되는 것을 당연한 논리로 받아들이는 우리의 현실이 안타깝다. 우리도 그들처럼 예방에 내처하는 여유가 습관으로 안착돼 친환경적인 삶의 원조를 되찾았으면 하는 마음이다.

주택 리모델링을 하다보면 자의든 타의든 유해물질에 노출 되는 게 현실이다. 친환경소재로 쓴다한들 완벽히 해결될 수는 없다. 시멘트 문화에 더 적극적인 우리의 현실에선 피할 수 없는 노릇이다. 유해물질을 줄여주는 대안이 친환경적 소재를 많이 사용하는 것이지만 가격이 비싸다는 단점이 있다. 이러한 현실을 본다면 건강을 지키기 위해선 예방이 최우선임을 인지시켜주고 싶다. 그래서 확장한 분야가 황토방, 황토옥돌방, 소금건강램프다. 이들은 자연발생적인 천연재료이며 천연음이온을 발생하여 오염된 집안공기를 정화시키는데 효과가 탁월한 것들이기 때문이다. 특히 히말라야 산 소금건강램프는 2년 전부터 내가 공사한 리모델링 현장마다 선물해서 새집증후군과 악취를 중화시키는데 좋은 반응과 효과를 얻고 있어 다행이다.

곱게 물들어 최상의 단풍을 구경할 수 있다던 예측이 빗나간 것이나 정부의 부동산 정책이 흔들리는 것처럼 소비자를 위한 나의 예측이 빗나간다한들 나를 믿고 찾아주는 사람들에게 가슴으로 표하는 따뜻한 정으로 생각하면 옳을 일이다.

오늘도 나는 그분들의 건강한 삶을 위해 친환경적인 새로운 제품을 소개하고 권하고 싶다. 건강한 삶이 최상의 행복이라 보기 때문이다.

(2006)

행인의 밥

11월은 둘이 손잡고 있어도 외로운 계절이다. 화려했던 풍성함도 스스로 자리를 내주고 홍수로 쓸려간 개울처럼 상처로 얼룩져 쓸쓸하기 그지없다. 그래도 나는 11월을 동경하고 사랑한다. 복잡한 세상의 굴레에서 잠시 비켜나 숨 돌리는 여유를 찾을 수 있기 때문인지도 모른다.

가을의 잔해들이 누엣누엣 남아있는 산골의 풍광은 여유와 평화, 사랑과 배려가 담겨 있는 듯해서 좋다. 없어도 부족함이 없고, 있어도 넘칠 리 없어 한가롭다.

몰려드는 인파에 몸살을 앓던 자연도 동한기(冬寒期)에 접어들면 오가는 사람들이 없어 외로움을 타는 것 같다. 그 품에 오롯이 안기면 봄날보다 포근한 정이 쌓이고, 비로소 자연과 내가 하나 되는 동상동몽(同床同夢)에 빠지게 되어 세상 부러울 게 없는 호사를 누리게 된다. 몇 해 전부터 그 맛에 홀려 올해도 놓칠세라 서둘러 길을 나선다.

지리산 계곡은 어딜 가나 풍광과 인심이 넘친다. 지리산 서남부 섬진강을 끼고 도는 산골마을의 전경들은 언제 봐도 물안개처럼 피어오르는 유유자적한 이야깃거리가 있어 아름답다. 터 잡고 대화를 나누지 않아도 몸으로 느껴지는 여유와 정감이 넘쳐난다. 어디를 가더라도 시골정취의 깊은 맛을 느낄 수 있다. 예나 지금이나 산골마을은 사람들의 왕래가 빈번하지 않아 오가는 발길을 그리워하고 정에 갈급해한다. 그 정은 도심의 메마른 정과는 사뭇 다르다. 주고도 부족해하는 무한한 아가페 온정(溫情)이기 때문이다.

압록을 거쳐 전라도와 경상도가 어우러져 인심 후한 화개장터를 지나 칠불사(七佛寺)를 찾았다. 세차게 휘몰아치는 눈보라를 뚫고 쌍계사를 지나 7㎞쯤 굽이굽이 산길을 올랐다. 이곳에는 신라 효공왕(897-911)때 담공(曇空)선사가 선방으로 만든 벽안당(碧眼堂)에 '아자방(亞字房)'이 있다. 아자방은 아(亞)자 모양으로 놓은 구들로 불을 한 번 때면 온기가 100일 동안 지속된다는 불가사의한 방으로 중국 당나라까지 알려진 과학적인 구들이다. 그 과학성을 인정받아 1979년에 세계건축사전에 수록되기도 했다. 건축가로서 흥미로운 그 현장을 목격하고 싶었다. 지혜는 경험에서 출발한다는 평범한 진리를 되새기기에 충분했다.

칠불사를 뒤로하고 미끄러지듯 눈길을 내려왔다. 산길을 오를 때는 마음이 앞섰지만, 되돌아오는 길은 여유롭다. 쌍계사 주변 산 능선을 따라 펼쳐진 파란 녹차밭이 겨울의 정취를 실감나게 토해내고 있다. 녹차는(삼국시대, 선덕여왕 632~646) 신라의 스님이 중국에서 차나무 씨를 가져와 화엄사와 쌍계사 등에 심으면서 재배되기 시작했다고 한다.

산골 인심은 아직도 후하기만 하다. 눈 날리는 쌍계사 벚나무길을 내려오다 소소다원 앞에서 발걸음이 멈춰졌다. 휘날리는 눈보라 속에서도 발길을 붙드는 정경이 나를 흥분시켰다. 길가는 사람들이 입맛을 다시고 가도록 길가에 붉고 탐스런 감을 예쁘고 소담스럽게 진열해 놓았다. 하얀 눈모자를 앙증스럽게 쓰고 있는 홍시들이 남극의 펭귄무리처럼 서로 부비며 진홍빛으로 추위를 녹이고 있다. 이 정스러운 장면을 하마터면 놓칠 뻔했는데, 천만다행이다. 까치밥이 떠올랐다.

가을건이를 마치고, 새들의 겨울나기를 위해 먹을거리를 남겨두는 소박한 농부들의 정이 지리산자락의 은은한 차향으로 피어오른 것일까. 행인을 위한 까치밥? 생경스럽지만 푸근한 산골인심이 가슴을 따뜻하게 데운다. 추운 겨울 배고플 새들을 위해 감나무 가지 끝에 홍시를 남겨둔 훈훈한 마음이 곧 우리 조상님들의 배려와 존중의 정서다. 그 얼을 고이 간직한 소소다원, 정겨운 집. 언젠가는 주인의 따뜻한 눈빛을 한 번 보고 싶다.

나눔은 언제나 아름다운 것, 누구나 할 수 있으나 아무나 할 수 없는 일. 때를 기다리면 이미 늦는 선택이 되고 만다. 행인의 밥. 소소다원 주인은 어찌 그리 넉넉한 마음을 가졌을까? 눈모자를 쓴 감의 여운이 지금도 잔잔하게 파랑을 일으킨다.

(2015).

우리에게 영원한 천사

여기 두 분의 천사가 계십니다.

아빠천사 엄마천사, 부르기만 해도 가슴이 절로 설레는 우리의 우상입니다. 세상의 어느 꽃이 이보다 아름다우랴! 우주의 어느 향기가 그보다 향기로우랴! 보면 볼수록 생각나는 그리움, 대나무 보다 푸르고, 소나무보다 청청한 사랑을 어찌 잊고 산단 말입니까?

우리 곁엔 보배로운 두 분의 천사가 계시기에 오늘이 더욱 값지고 사랑스럽습니다.

돌이켜보면, 두 분의 삶은 하루하루가 지혜롭고 은혜로웠습니다. 나눔의 실천을 온몸으로 보여주신 산교육을 통해 우리의 일상을 바르게 세워주셨습니다. 없어도 없지 않고, 있어도 있지 않은 겸손은 삶의 극치였습니다.

낳아주시고 길러주신 그 은혜를 생각하면 눈물이 앞을 가려 차마 바라볼 수 없을 것 같습니다. 한 평생 저희들을 위해 희생하신 고귀한 삶을 감히 저희는 흉내 낼 수 없을 것 같아 안타깝습니다. 팔순이 되도록 두 분의 사랑을 넘치도록 받기만 하고, 되돌려드릴 줄 몰랐던 저희가 한없이 부끄럽습니다. 마음을 담은 전화 한 통 제대로 드리지 못했음을 고백합니다.

부모님은 항상 그 모습 그대로 그 자리에 계신 줄 알았습니다. 팔순이 되신 오늘에야 야위어진 두 분의 모습을 보았습니다. 이제라도 두 분을 위한 삶을 사시길 소원합니다. 그동안 수고하심으로 충분합니다. 이제부터는 저희들이 말보다 행동으로 지켜드리겠습니다. 영혼이 이어지는 사랑으로 진정한 가족이 되겠습니다. 어머님 아버님 고맙습니다. 사랑합니다.

5년 전, 팔순을 맞아 식구끼리 조촐한 생신파티를 하면서, 내가 장인, 장모님께 올린 글이다. 직계가족 모두가 청산도 펜션에서 노을을 바라보며, 노부모에 대한 감사를 표한 자리다. 부모형제라고 어디 맘 편하게 한자리에 모이기가 쉽지 않는 게 현실이다. 바쁜 일상에 매이다 보면 삶의 족쇄에 채워져 제 할 도리를 다 하지 못하게 되기 일쑤다. 팔순행사를 극구 말리셨기에 대안으로 청산도 여행을 선택했지만, 예상외로 두 분의 주인공은 흡족해 하셨다. 지인들을 초대해서 번거롭게 행사를 하느니 차라리 오붓하게 가족과 함께 지내고 싶었던 모양이다.

바다와 모래사장 그리고 해송으로 어우러진 지리청송해변은 청산도에서 석양을 관망하기에 제일경이다. 노을이 바다와 하늘을 포옹하며 붉게 익어가는 모습을 바라보면 누구나 탄성을 자아낸다. 생각하기에 따라 서로 다른 감정으로 바라보지만, 흔치않은 비경에 찬사로 환호하는 기분이다. 우리들이 환호성을 지르며 관망할 때 두 분의 주인공도 환한 미소로 바라보고 계셨다. 순간 먼발치서 곁눈질로 훔쳐보던 나는 환호보다는 알싸한 아픔이 가슴으로부터 피어올랐다. 두 분의 얼굴에 새겨진 주름 사이에 매달린 세월의 흔적들이 환한 웃음을 밀어내고 있음을 보았기 때문이다.

사람은 누구나 꿈에 도달하고 나면 외로움과 허무함에 빠지게 된다. 점점 물속으로 잠겨가는 노을을 바라보시는 두 분의 속내는 정확히 알 수 없으나 쇠약해가는 자신들의 모습을 그려봤을지도 모른다. 머잖아 다가올 마지막 순간을 위하여 슬픔을 억누르고 있었는지도 모를 일이다.

누구에게나 삶은 후회와 아쉬움의 연속이다. 인생은 하루해가 뜨고 지는 것처럼, 짧게만 느껴지기도 한다. 젊은 세대가 느끼는 것과 팔순의 어른이 느끼는 감정은 사뭇 다를 수밖에 없다. 한 치의 흐트러짐 없이 최선을 다해 사신 두 분의 삶이지만, 그래도 어찌 아쉬움이 없겠는가! 즐거움을 드리려고 계획한 일이었는데, 행사 전부터 노을을 바라봐야만 하는 실수를 범하게 된 것 같아 마음이 편치 않았다.

또 한 해가 익어가는 가을의 말미다. 왠지 허전하고 쓸쓸함이 밀려온다. 연 사흘 동안 부슬부슬 가을비가 내린다. 비가 그치고 나면 어수선했던 낙엽들도 하나 둘 제자리로 돌아갈 것이다.

그 화려했던 가을의 정취가 끝나기 전 두 분을 모시고 가벼운 단풍구경이라도 해드리지 못한 죄책감이 밀려온다. 해마다 근거리 여행에 동행했는데, 이번에는 섬기는 교회에서 직분선거가 있어 시간을 내지 못했다. 바쁘다는 일상이 족쇄를 채운 것이다. 이기심이 부른 아픔이다.

촉촉이 대지를 적시는 빗방울처럼 넉넉한 사랑으로 우리를 지켜보고 계실 두 분의 모습이 다가온다. 청청한 부모님의 사랑을 잊지 않고, 살겠다는 약속은 지켜지지 않은 셈이다.

가을비가 그치는 날 아침, 메시지가 들어왔다.

'택배배달 오후 2시경.'

간결하고 짧은 내용이지만, 시골에서 보낸 햅쌀임을 짐작할 수 있다. 결혼과 동시에 해마다 보내주셨기 때문이다. 매번 '올해가 마지막이다'고 하던 말씀이 벌써 29년째다.

끈질긴 정이다. 햅쌀의 고소함보다, 노동의 향기가 더 진해 한참동안 물끄러미 바라볼 뿐이다. 이 은혜 마지막 순간까지 갚을 길이 없어 보인다.

부모의 자식 사랑은 끝이 없다. 부모의 사랑은 '죽균(竹筠)'이요, '송심(松心)'이 어찌 아니겠는가? 곧은 절개와 헌신적 희생이 곧 덕(德)이요, 자식을 위하는 마음의 표석이 될 터이니 말이다.

*'죽균(竹筠)'이요, '송심(松心)': 성호 이익(李瀷)이 말한 군자의 겉모습과 안 마음을 비유한 말이다. 즉 대나무 껍질처럼 굳고 곧으면서 윤이 나고, 하자가 없음과 소나무의 심처럼 꺾기지 않아 군자로써 엄숙한 위의와 훌륭한 덕을 나타내는 뜻.

그 여인의 질주

그 여인은 웃어야 할 때 웃고, 울어야 할 때 운다. 그녀는 친구들로부터 공주과라고 놀림을 당하기도 한다. 겉모습만 보면 내가 봐도 공주과다. 하지만 그녀를 바로 아는 사람은 그런 누를 범하지 않는다. 차분한 성품에 온유한 눈빛이 그녀의 매력이다. 함께 사는 사내는 지 잘난 맛에 살지만 지나고 보면 매번 승리는 그녀 몫이다. 논쟁을 이어가지도, 논쟁에서 이기려 하지도 않는다. 중심에서 흐트러지지 않는 삶이 그녀가 추구하는 세계다. 사람을 대할 때도 누구나 편안하게 대한다. 그녀의 넉넉한 미소를 대해본 사람들은 그녀의 편안한 인상을 보고 공동사업을 제의하기도 한다. 계층과 나이를 초월한 그녀만이 지닌 편안한 눈빛을 가졌기 때문이다.

그녀의 하루 일과는 항상 버겁다. 남편 출근을 위해 매일 새벽

6시면 일어나 정성스레 밥상을 준비한다. 결혼하여 28년 동안 해온 일이라 이젠 의무감보다 기쁨으로 한다. 아침을 받아먹는 사내도 맛있게 먹어주는 걸로 수고에 답한다. 고집스런 사내와 결혼하면서부터 부모님을 모셨다. 13년 전 아버님은 돌아가셨지만 어머님은 지극정성으로 보살펴 드리고 있다. 돌이켜 보면 친정부모와 함께 살았던 햇수보다 시부모와 함께 살아온 햇수가 더 많다. 요즘 세대들이 보면 깜짝 놀랄 일이다.

그 여인은 투잡을 한다. 전업주부와 자영업을 겸한다. 둘 다 빈틈없이 해내는 능력을 보면 여장부다. 부드러우면서도 강한 여인이 쏟아내는 열정이다. 23년 동안 직장생활을 하다 퇴직해서 6개월을 넘기지 못하고 다향의 주인이 되었다. 전통 차에 대한 특별한 지식이 없는 터라 걱정했지만 황소 같은 뚝심으로 10년째 이어가고 있다. 차를 달이는 노하우를 알려주는 사람이 없어 홀로 터득했다. 끓이고 또 끓이다 실패하면서 쌓은 경험으로 다향을 찾아오는 사람들을 감동시키는 맛을 만들어냈다. 엄선해서 구입한 재료를 접시저울로 계량해가며 맛과 향을 터득한 솜씨가 경이롭다. 그 여인의 차 끓이는 비법은 최상의 재료에 정성을 함께 달여 우려낸 것이다. 한 번 찾은 손님들이 다시 찾는 이유도 일반 전통차와 다른 깊은 맛이 있기 때문이다. 그녀의 영업방침도 잇속보다 사람중심이다. 많은 사람들이 오는 것보다 소그룹이 가족과 같은 오붓함을 느끼게 하는 배려가 우선이다.

그녀의 일과는 보통사람들의 2배가 넘는다. 아침 6시부터 저녁 12시까지 18시간을 움직인다. 대단한 체력이다. 정규 근로시간의 두 배가 넘는다. 그녀의 내면적 삶을 아는 사람은 더 이상 공주라고 칭하지 않는다. 그토록 바쁜 삶 속에서 그녀는 또다시 일을 저질렀다. 1년 전 여름방학 때 파리에서 유학중인 희정이가 잠시 다니러 왔을 때 "엄마 무료하게 찻집에만 있지 말고 그림을 그려 봐요."라는 충고가 직격탄이 된 것이다. 희정이는 본이 그려진 스케치 파일을 선물로 주고 돌아갔다.

그때부터 시작한 그림 그리기에서 소질이 발견된 것이다. 첫 단계로 사진을 찍어 풍경화를 그리기 시작했다. 실력은 날로 늘었다. 그의 남편은 사진을 찍어다 주며 격려와 용기를 심어주고 있다. 그녀가 그린 그림이 K은행 Y지점에 3점이 걸려있다. 아마도 희정이가 어미의 끼를 이어받은 모양이다. 지난여름 파리 여행을 가서 퐁피두 현대미술관을 관람하고 온 뒤 붓을 놓고 지금은 자기의 그림세계를 구상중이다. 세계적인 작가들의 작품을 보고 가벼운 충격을 받은 모양이다. 취미로 그린다는 말이 거짓말인 듯싶다. 남편은 그녀가 하는 일에 적극적으로 돕고 있다. 유명한 화가는 아니더라도 그녀의 잠재적 예술세계를 마음껏 드러내도록 부추기고 있다.

그녀는 직장생활을 하면서도 열정적으로 자기개발에 게으름을 피우지 않았다. 경기대학교 유아교육과를 수료해 보육교사 2급 자격증을 얻었다. 어린이집을 꿈꾸기도 했지만 남편의 내조 부족으로 꿈을 접어야 했다. 이화여대 독서지도자 전문교육과정을 수료해 독서지도자가 되기도 했다. 동국대 불교대학원을 다니면서 종교적 지식도 쌓았다. 그녀는 매사에 열정적이고 적극적이지만 배려하는 마음이 몸에 배어있어 사람들로부터 인기가 많다.

이제 여유를 갖고 살아도 되련만 그녀에겐 가당찮은 말이다. 속내를 드러내진 않지만 딸들을 시집보내고 나면 손녀손자도 키워줄 모양으로 준비하는 것 같아 보인다. 보육교사 자격증, 독서지도자 자격증, 그리고 그림 그리는 것까지도 손녀손자를 돌보기 위한 준비로 생각된다. 속 깊은 그녀가 내색은 않지만 언젠가 은연중에 하던 말이 그것을 뒷받침 하는 것 같다.

"내가 아이들을 돌보면 정서적으로 안정되게 아주 잘 기를 수 있을 것 같다."며 어린이 양육에 고통을 느끼는 신세대 주부들의 불만을 포용하는 듯한 발언에서 힌트를 얻은 것이다.

여행을 다니며 노후를 즐기자던 약속도 지켜질지 의문이다. 남편은 아이들이 결혼하기 전에 그녀가 여행의 맛을 느끼도록 자주 떠나자고 권한다. 이번 신정 때 곤명 여행도 그 때문이다. 남편은 그동안 받았던 혜택을 되돌려 주겠다는 마음으로 그녀에게 힘을 보태고 있다.

그녀의 질주가 어디까지 갈지 아직은 알 수 없다. (2012)

나는 운 좋게 살아남았다

우리는 지금 어디로 가고 있는가?

하루하루가 불안과 긴장의 연속이다. 어디에서부터 문제가 생긴 것일까? 사건사고가 끊이질 않고 있다. 설상가상으로 방만하게 운영되던 해운과 조선업을 이끈 대기업들이 구조조정을 받는 경제위기에 몰려있다. 돌이켜보면 하루 이틀 일이 아니건만, 그동안 경제재건을 부르짖던 정부는 국민의 눈과 귀를 속이는 기만을 했다고 밖에 볼 수 없는 궁색한 처지가 됐다. 민심을 외면하고 대립의 칼을 세우는데 더 많은 시간들을 허비했을 뿐 백성을 위한 제도개선은 뒷짐을 지고 있는 형편이 됐다.

지난 4월 13일 20대 국회의원 선거를 통해 국민들은 무언의 시위를 표출했다. 그 표심을 아는지 모르는지 정치권은 계파의 소

용돌이에서 헤어나질 못하고 있다. 정구지 뿌리처럼 얽히고설킨 난국을 헤쳐 나갈 특단의 조치가 절실히 필요한 시기임은 누구나 공감하고 있을 테다.

우리 사회는 언제 투명하게 맑아지려나. 정치와 경제가 대기업 편향적인 정책에서 자유롭지 않다면 앞으로도 우리가 기대하는 정의로운 사회는 묘연하리라 본다.

세월호사건, 옥시의 가습기 살균제 피해자들의 절규, 강남역 지하화장실 묻지마 살인사건 등 암울한 현실 앞에 우리는 어디에 희망을 걸어야할지 길 찾기가 쉽지 않다.

기업의 사회적 책임이 무엇보다 요구되는 시점에 있는데도 불구하고 제도적 장치가 갖춰지지 않은 후진국 형태에서 벗어나지 못한다면 우리 사회의 미래는 어둠의 나락으로 추락하고 말 것이요, 제2 제3의 세월호 파동은 계속될 것이다. 국제적 망신, 세계의 조롱거리가 된 가습기 파문의 구멍 뚫린 법. 선진국처럼 기업이 소비자에게 피해를 주면 파산하도록 판매정지 및 수만 배의 벌과금을 부과하는 징벌적 처벌법이 우리는 왜 없을까?

어렵고 가난했을 때는 경제성장을 위해 기업에 특혜를 주어 경쟁력을 강화시키는 순기능이 분명 있었다. 지금은 상황이 많이 다르다. 혜택을 누린 기업들의 도덕적 해이가 우리를 슬프게 한다. 소비자에게 사랑받는 기업, 국가와 국민에게 희망을 주는 기업을 누가 존경하지 않을까?

모두가 어렵다고 아우성치는 이 시기에 사회 지도층이라고 자부하는 사람들의 도덕적 해이가 우리를 화나게 한다. 특혜로 분양받은 아파트 분양권을 전매한 행정도시 공무원들, 구조조정을 앞둔 기업대표가 책임을 통감하기는커녕 미리 주식을 처분하는 파렴치한 행동, 전관예우라는 이상한 논리 앞에 100억대의 수임료를 올리는 전직 판·검사출신 변호사들의 치부가 도마에 오르고 있지 않은가? 황금만능주의로 흐르는 경제부흥 위주의 정책이 부작용으로 나타나고 있다. 우리 사회의 감추고 싶은 아픈 현실들이다.

누군가의 책임으로 돌리기엔 너무나 먼 거리에 와있다. 불만이 고조되고 있는 사회구조에 대해 나는 무엇을 했는지 스스로 자문해야 할 때가 아닌가 싶다. 내 일이 아니라고, 나와는 상관없는 일이라고 등한시하는 삶이 습관화되지 않았는지 자성의 시간을 가져야겠다. 어쩜 우리 앞에 벌어지고 있는 사건들이 내 일이 될 수도 있기 때문이다. 지금까지 방관자적 자세로 바라보던 일들을 관심과 적극적 참여를 통해 병든 사회를 변화시키는 신 사회운동을 펼쳐야하는 시기가 도래하지 않았나 싶다.

우리 사회의 병든 모습을 단면으로 보여주는 '나는 운 좋게 살아남았다'란 무저항 외침이 헛되지 않도록 스스로의 변화를 위해 일어나야겠다. 2030세대들의 자성의 목소리가 새로운 변화를 이

끌어내고, 정의로운 사회, 평등이 보장되는 사회, 상식이 통하는 사회를 구현하는 계기가 되었으면 얼마나 좋으랴. 강남역 지하철 입구에 매달린 그들의 외침이 우리 사회에 더 이상 불신이 지배하지 못하게 막는 견인차역할을 했으면 얼마나 좋을까?

우리 사회를 병들게 한 요인들로 급격한 경제성장의 변화도 한 축이 될 수 있지만 보이지 않은 통제와 억압으로 한동안 시민운동이 활발하게 전개되지 못한 부분도 부인할 수 없는 현실이다. 강권적 통치보다 대화와 타협으로 국민과 소통하는 인정을 펼칠 때 성숙한 민주주의가 꽃필 것이요, 통치자와 국민 간에 신뢰가 쌓일 때 살기 좋은 복지국가 대열에 합류하는 길이 열릴 것이다. 자라나는 젊은이들이 희망과 꿈을 마음껏 펼칠 수 있는 나라, 법과 정의가 바로서는 나라를 구현하는 것은 우리 기성세대들의 몫이다. 더 이상 부끄러운 유산을 후손들에게 넘기지 말아야겠다.

(2016)

늦가을 여정

밤새 내린 자욱한 안개가 분주하게 외출을 시작했다. 길게 누운 늦가을 햇살이 그 뒤를 따라 자리를 틀고 있다. 산에는 단풍 드는 소리로 요란하고 하늘에는 철새 우는 소리로 가득하다. 떠나려는 것들과 찾아오는 것들의 작은 충돌이 아름다운 춤사위로 펼쳐지고 있다. 11월에 볼 수 있는 헤이리 H갤러리의 아름다운 풍광이다. 헤이리는 파주시 탄현면에 예술인들이 작업과 전시를 함께할 수 있도록 계획된 예술인 마을이다.

세상에 펼쳐진 자연의 생리는 오묘하고 신비롭다. 얇은 바람에도 떨어져 나가는 낙엽을 보라. 비바람 몰아치는 태풍에도 끄떡없던 그들이 태양을 삼킨 뜨거운 가슴을 주체할 수 없어 붉게 토해내고 떠나는 뒷모습이 얼마나 아름다운가! 파란 하늘에 바람을 타고 홀로 떠나는 그들의 모습을 보며 웃고 보내지 못하는 내가 부끄럽구나. 세상의 모든 짐 혼자 지고 가는 양 움켜쥐고 사는 우리의 모습이 왠지 허해 보인다. 자연 속에 동화되어 생명을 유지하는 식물들은 차별이나 낯가림이 없다. 밤낮으로 함께 생활하면서 바지런히 제 임무에 충실할 뿐이다. 간간이 바람이 불어오면 굳어진 몸 기지개를 펴듯 함께 부둥켜안고 울고 웃는 그들의 세상은 참 아름다운 동산이다. 세상은 약자들이 존재하기에 아름다운 것, 우리는 지구라는 텃밭에서 아름다움을 창조하는 벗있는 삶을 살아야 한다. 우리가 사는 세상을 맑고 아름답게 꽃으로 피워야 한다. 아름다움은 스스로 창조하는 개인기술이다. 그 기술을 연마하고 발휘하는 것은 자신의 행복지수를 높이는 척도가 된다. 자기 개발을 통해 얻어지는 기쁨은 구수한 숭늉처럼 그 맛이 오래도록 지속되기 때문이다. 당신의 행동에서 꽃으로 피는 미로 같은 매력이 햇살처럼 쏟아질 때 세상은 맑은 가을 하늘보다 더 윤기 흐르는 평화로운 동산이 될 것이다.

갤러리 잎마당 붉게 물든 벚나무 잎에 오가는 사람들의 시선이 걸려있다. 척박한 땅에서 사력을 다해 여름을 난 탓일까? 작은 잎에서 쏟아지는 가을의 향취가 슬픈 시간의 무늬를 비추고 바람에 출렁인다. 잔잔한 새벽 파도처럼 고요한 단풍의 물결을 타고 사람들은 포즈를 취하고 촬영을 한다. 삼삼오오 줄을 서서 짧은 시간에 추억을 담기에 분주하다. 지난여름을 보낸 시간들을 회상하며 웃고 즐긴다. 빨갛게 변한 잎을 보면서 우주의 신비를 받아들이고 소명을 다하고 길 떠나는 아름다운 뒷모습을 동경하는 상념에 젖기도 한다.

훗날 내가 떠나는 날 나도 저 낙엽처럼 홀연히 떠날 수 있을까? 그동안 나의 삶이 저 단풍처럼 아름다웠노라고 감히 말할 수 있을까. 깊은 생각에 잠긴다. 가을은 사람들의 마음을 대장간 불화로처럼 달구고 지나간다. 짧은 시간이지만 많은 것을 생각하게 하는 사색의 계절임은 분명하다.

송골송골 바람이 분다. 겨드랑이를 타고 오르는 가을바람이 가슴팍에 앉아 똬리를 틀고 있다. 부드러운 촉감으로 봐서 여자모습으로 찾아온 가을이 틀림없어 보였다. 흐뭇한 그 모습이 아름다워 살며시 껴안았다. 그녀는 반쯤 웃는 얼굴로 숨을 몰아쉬며 안겼다. 원앙처럼 양볼이 붉어지더니 이내 그녀도 나를 포근히 안아줬다. 우리는 하나가 되었다. 떨림도 가시고 긴장도 쉬 풀렸다. 여유로운 눈빛으로 서로 바라보았다. 그녀의 눈가에 고향마냥 포근한 미소가 흘러 내렸다. 동그랗게 사랑이 그려졌다. 포근했다. 참 오랜만에 느끼는 가을의 여정이었다.

앙상하게 홀라당 벗은 벚나무 가지엔 가을바람이 옷을 입히고 있었다. 혹독한 겨울맞이를 위해 잎이 떨어진 가지마다 솜털 같은 바람이 지키고 있다. 불그스레하게 부풀어 오른 상처를 치유하고 말없이 떠나는 바람. 그 따뜻한 온정에 감사하는 가지들은 온몸을 흔들며 이별의 정을 나누고 있다.

이 오묘한 자연의 섭리를 누군들 아름답지 않다고 감히 말할 수 있으랴 아쉬운 생각이 들었다. 그러나 지금부터 시작해도 늦지 않을 사랑, 나는 그 가을을 소중히 가꾸고 싶다. 그동안 삭막하고 쓸쓸해서 싫어했던 나의 늦가을 감정이 한순간에 맺어진 포옹으로 변화가 일어났다. 떠나는 아쉬움으로 안타까워했던 지난해의 가을과 달리 올해의 가을은 봄을 준비하는 희망의 씨앗으로 바라보는 변화가 일어났다. 우울했던 감정들은 봄 햇살을 받아 솟아오른 새싹처럼 생기를 찾았고 주춤했던 행동은 바람을 전송하는 가지처럼 활력을 찾았다.

가을이 깊어졌다. 내 사랑도 덩달아 농익어갔다.

(2008)

귤나무 이야기

소유하는 것은 힘들고 괴로운 일이다. 그럼에도 불구하고 인간은 소유욕에 젖어 산다. 무의식속에 잠재된 욕구본능이 시도 때도 없이 나타나는 것이다. 개성에 따라 정도의 차이는 있겠으나 소유물이 크든 작든 갖는 순간 느끼는 감정은 기분이 좋아진다는 사실이다. 기분을 좋아지게 하는 행동이 자신을 건강하게 만드는 최소한의 배려로 생각한다면 무리일까?

계절의 끝자락을 무심코 바라보다가 가을 이야기가 듬뿍 담긴 화분에 눈길이 멎었다. 가슴 뜨거운 횡재였다. 평소엔 여느 화분처럼 주목받지 못한 것이 쓸쓸한 계절에 내 기분을 기쁨으로 가득 채워주어 몸도 마음도 온통 호사를 누리고 있다.

가을이 '봄을 준비하는 희망의 계절'이라고 표현하는 사람도 있다. 하지만 지금 나는 동의할 수 없다. 한때는 나도 동의한 적이 있었지만 지금은 억지로 들린다. 나이의 터널에 갇혀있기 때문일지도 모른다. 사람들은 58년 개띠를 베이비붐 세대(55~64년)로 기억한다. 직장에선 점점 용도폐기 대상이요, 돌아온 가정에선 가장의 위치가 흔들리고 있다. 계절로 보면 가을에 비유할 수 있을 것이다. 추수가 끝난 텅 빈 들판을 바라보며 외로움을 달래는 허수아비처럼, 우리 사회에 펼쳐졌던 어려운 순간들을 이고지고 눈으로 익히며 살아온 세대다. 많이 지쳐있기에 느끼는 쓸쓸함도 여느 세대보다 남다르다. 어려운 굴곡의 시대를 고루 경험한 잡초 같은 삶을 살아온 사람들이다. 자신을 잊고 살아온 세대라 이 가을이 남다르게 허하고 쓸쓸하다. 그런 나에게 반전의 가을 이야기를 전해준 게 귤나무다. 작은 화분에서 뿌리를 내리고 꽃을 피워 열매를 맺는 과정이 우리 삶과 다를 바 없어 보인다.

2년 전의 일이다. 노인과 함께 살면 반은 노인이 돼야 원만하다. 어머니가 애지중지 길러온 금귤나무가 노란 열매를 매단 채 점점 시들어갔다. 해마다 늦가을이 되면 싱싱하고 달짝지근한 금귤을 매일 따 드시던 어머니의 실망이 이만저만이 아니셨다. 여러 해 열매만 맺었지 분갈이는커녕 영양공급조차 제대로 받지 못했으니 기력이 소진된 건 당연하지 싶었다.

겨우내 하얗게 타들어가는 나무를 보며 아쉬워하는 모습이 안타까워 이듬해 봄 귤나무 화분을 사왔다. 튼튼하고 가지가 좋은 나무였다. 초여름이 가까운 늦봄에 하얀 꽃을 피웠다. 어머니의 정성이 파란 열매로 맺혔다. 여름을 넘기고 가을이 되어 탐스럽게 익어가는 모습에 흐뭇해 하셨다. 노지가 아닌 화분에서 게다가 열대식물이 서울에서 꽃이 피고 열매를 맺는 것은 쉽지 않은 일이다.

하얀 서리가 내릴 때까지 자연 상태에서 노랗게 익은 귤은 당도가 뛰어났다. 잘 익은 알갱이를 입에 넣고 천진난만한 아이처럼 흐뭇해하셨다. 어머니는 매해 가을이 되면 귤보다 먼저 노랗게 웃고 계셨다. 그런 모습을 보고도 그간 예사로 넘기며 지내왔던 것이다.

내가 귤나무에 관심을 갖게 된 것은 지난여름 태풍 '볼라벤'이 북상할 때였다. 예보를 듣고 화분정리를 위해 옥상에 올라갔다. 제 몸 지탱하기가 어려웠는지 나무들은 이미 넘어지고 분이 깨진 채 나뒹굴었다. 가지를 지탱하기 힘들 정도로 옹골지게 매달린 귤나무는 늘어진 가지를 그네 태우며 바람과 맞서고 있었다. 서둘러 의지간으로 옮겨놓고 탱탱하게 커가는 귤을 어루만졌다. 파란 향이 손끝에 스며들었다. 입술엔 노란 향이 가득 고이기 시작했다. 척박한 환경에서 열매를 맺는 시간들이 얼마나 힘들었을까 생각하며 몰골을 보니 말이 아니었다. 앙상하게 야위어진 가지가 우리 세대처럼 지쳐보였다.

바람이 자고 햇살이 좋은 아침, 제자리로 옮겨놓고 거름으로 영양 깻묵을 사방에 올려놓았다. 생기가 돌았다. 푸른 열매에 엷은 노란 빛이 파도를 타기 시작했다. 작은 정성에 쉽게 반응하는 모습이 신기했지만 그동안 챙겨주지 못한 무관심이 죄책감으로 다가왔다.

나이 들수록 찾아오는 게 외로움이고 고독이다. 나이를 티내는 궁색이라고 책망을 해도 반론을 제기하고 싶지 않다. 자의든 타의든 주전에서 밀려나는 현실이 기쁠 수만은 없는 일이다. 눈앞에 현실로 나타나는 모양새를 더 사랑하게 된다. 어쩔 수없는 자연의 법칙이다. 늦가을에 만난 싱싱한 가을 이야기에 내가 흠뻑 빠진 것도 나이와 무관치 않은 자연스런 반응이다. 소유를 통해 얻어지는 안락한 기쁨이다. 나만이 느끼는 소박한 행복이다. 자칫 쓸쓸함에 빠질 뻔한, 이 가을에 얻은 소중한 만남이다. 지금부터라도 내 자신을 위해 더 많이 사랑할 수 있다면 투자해볼 생각이다.

흔히들 베이비붐 세대인 우리가 부모님을 모시고 사는 마지막 세대라고들 이야기한다. 그동안 극복한 삶을 비춰볼 때 못할 것도 없지 않는가. 탐스런 열매를 보고 내가 기쁨을 얻는 것처럼 자연이 주는 기쁨에는 미치지 못할지라도 어머님의 남은 여생을 위해 듬직한 나무가 돼 드려야 할 것 같다.

노랗게 익은 귤을 바라보며 가을의 여정에 취해있는 나를 본다. 더없이 행복한 순간이다. (2012)

2.

소박한 외출

강촌의 가을

담장을 헐어라

사람마다 좋아하는 계절이 있다. 나는 희망이 가득한 봄을 좋아한다. 파릇한 싹이 돋고 꽃이 피는 역동적인 계절이기 때문일 테다. 하지만 봄은 얼어붙은 겨울이 없다면 추락하고 말 것이다. 싹이 돋는 생동감이 없는 봄은 봄으로써 가치를 상실하기 때문이다. 신비로운 봄을 맞이하기 위해선 겨울의 문이 열려야 한다. 꽁꽁 얼어붙은 추위를 밀어내고 따뜻한 기운을 받아들이는 변화가 있을 때 봄은 찾아온다.

3월이 되면 한기로 가득한 겨울이 살며시 담장을 헐기 시작한다. 스멀스멀 돌담 틈으로 온기가 들어오면 아지랑이의 춤사위가 펼쳐지고 새싹이 돋고 꽃이 피고 벌 나비가 찾아오는 위대한 역사가 일어난다.

나의 봄은 어디쯤 오고 있을까?

겨울이 문을 열어야 봄이 오듯이 각박한 감정으로 얼룩진 마음의 문을 열어야 신비로운 하나님의 은혜가 역사하신다. 황량한 가슴에 싹이 돋고 꽃이 피고 새가 지저귀는 평화를 누리게 되면 얼마나 기쁠까? 나는 그 기쁨을 담기 위해 황량한 가슴의 씨앗들을 비워내고 있다. 탐욕, 시기, 질투, 쾌락으로 다져진 마음의 문을 열고 꽃비로 내리는 하나님의 말씀을 받아들이면 용서와 화해, 사랑과 나눔으로 춤추는 생명의 봄이 찾아오기 때문이다.

나는 가슴 정중부에 하나님 동산 만들기를 시도하고 있다. 사시사철 꽃피고 새가 노래하는 살아있는 동산, 하나님이 주신 그 동산에서 마음껏 유영하며 자유를 누린다면 삶이 얼마나 신명날까?

나는 지금 나의 담장을 헐어내는 중이다. 독 안에 든 쥐처럼 세상에 갇혀 바동대며 살았던 지난 시간들을 하나 둘 털어내는 중이다.

예정된 포옹

마른장마의 기세가 꺾일까?

하늘이 온통 구름천지다. 비는 왜 내리지 않는 걸까? 장마를 부르짖던 기상 캐스터 체면이라도 세워주면 좋으련만 좀처럼 몸을 풀지 못하는 걸 보면 어디 단단히 토라진 모양이다. 이럴 때 우리 선조들은 기우제를 지내는 정성으로 위기를 넘겼다는데….

2000년대를 사는 사내의 하룻밤이 고민으로 끝났다. 그도 그럴 것이 1박 2일간의 세미나 출발을 앞둔 저녁이라 비라도 흠뻑 미리 내려 출발당일은 맑고 상큼한 하늘 아래 좋은 만남이 이루어지길 원했기 때문이다. 노란 병아리 떼가 어미 품을 떠나 첫나들이를 즐기는 설렘으로 포옹하고 싶었기 때문이다. 다행히도 여행하기 좋은 서늘한 날씨가 우리를 맞아 주었다.

해마다 칠월이 오면 문학행사가 여러 곳에서 열린다. 이번 수필문학 하계세미나는 한적한 도비도를 지키는 대호방조제를 선택했다. 한때 인간과 자연의 결투장이었을 이곳은 자연생태 갯벌 체험장으로 거듭나 있다. 바다와 파도, 바위와 모래톱 사이로 몸을 감춘 바다 생물들의 움직임은 신기하리만큼 호기심이 일어난다. 그중에서도 나는 미생물의 분포도가 가장 많은 갯벌에 매혹적인 눈길을 보내고 싶었다. 외할머니의 늘어진 젖가슴처럼 넉넉한 친근감이 살아있고, 호기심과 관심의 폭도 넓기 때문이다.

선약된 계획을 취소하고 참가신청을 하고 나니 또 다른 준비가 필요했다. 문학행사는 어디나 세미나가 끝나면 모두 함께하는 축제 시간을 갖게 된다. 이번에는 캠프파이어가 준비되고, 레크리에이션 사회자도 섭외했다고 들었다. 언제나 만나고 헤어지면 허전하고 섭섭하다. 그러기에 또 다른 만남을 예견하고 기다리게 된다. 전국 각지에서 버스로, 기차로, 승용차로 많은 시간을 소비하며 찾아온 문인들. 그들 마음에는 오직 보고 싶은 따뜻한 정이 가득 담겨 있다. 그 귀한 손님들에게 주최측의 배려는 필연적인 것이다.

따뜻한 가슴을 포옹할 수 있는 달콤한 코멘트가 필요했다. 여러 각도로 고민 끝에 대한민국 엿장수라 자칭하는 인사동 친구가 생각났다. 친구의 도움으로 가장 한국적인 먹을거리 굿판을 떠올리며 엿판을 준비하고 폭죽도 마련했다. 엿은 원래 겨울에 팔아야 제격인데 칠월 장마에 장사를 하려다 보니 애로사항이 많았다. 엿은 더위와는 별 상관이 없지만 습도와는 상극이다. 더구나 습도가 많은 바닷가라서 걱정이 됐지만 대신 콩가루를 듬뿍 준비했다.

장사를 잘해서 번듯한 수필문학회관이라도 한 채 마련할 심정으로 짧은 기간 적극적인 준비를 했지만 부족한 게 많았다.

성전환 분장으로 여성회원들로부터 많은 흠모의 눈길을 받았던 남장을 한 이영자 선생. 상큼한 차림새로 관객을 사로잡은 양희영 선생의 재치 어린 변장술. 나이를 초월해 큰형님 같은 듬직함으로 궂은일을 맡아하는 민병국 선생, 바람잡이 들러리로 손님을 모은 목요반 싱그러운 여우들. 이번 행사에 나와 함께했던 가슴 뜨거운 기쁨조의 일원들이다. 즉석 연기하느라 나름대로 고생도 많이 했다. 하지만 어설픈 우리 연기에 아름다운 눈길로 위로해주고, 따뜻한 사랑으로 도움을 주신 선생님들에게 진심으로 머리 숙여 감사드리고 싶다.

그날 나는 포옹처럼 감칠맛 나는 엿 맛에 끈끈한 정을 담아 두고두고 사랑을 나누어 명주실을 뽑아내듯 한 겹 한 겹 우리의 허물을 벗겨 서로가 위하고 사랑하는 아름다운 수필인이 되길 기원했다. 비록 회관을 구매할 거금은 벌지 못했지만, 이윤 모두를 털어 여러 선생님들께 점심으로 약소한 어묵은 대접했으니 마음은 편안했다. 지방에 계신 선생님들께는 그나마 대접을 못해 가슴 아프지만 다음 기회에는 더 좋은 구성과 준비로 보답하겠다고 가벼운 언약을 해 본다.

언제 만나도 수더분한 이웃집 형수 같은 부산 경남 회원들. 작년 세미나에 극진한 대접을 해주신 통영 회원들. 울릉도 호박엿처럼 구수한 정이 남아도는 호남 회원들. 시원한 도비도 바지락국처럼 언제나 생각나는 강원 회원들. 수도권을 중심으로 한 기타 회원들 모두가 그리운 사람들이다.

바다는 파도로 몸을 부셔 정을 그리워하지만 우리는 글로써 서로를 엮어간다. 파도의 정은 가볍게 때론 세차게 달려들다가도 제 스스로 절제하며 물러서는 아름다움을 쉴 새 없이 보여준다. 우리의 포옹은 짧았지만 남은 정은 오래도록 간직하고 싶어한다. 우리가 추구하는 건 그리움 그 자체가 아니요, 미래 지향적인 아름다운 수필을 가꿔가는 뜨거운 포옹인 것이다. 서로가 서로에게 따뜻한 마음을 전해주는 포옹은 다음을 위한 아름다운 약속이다.

밤새 가로등 불빛을 먹고 포효하던 바다가 자기 속에 갇힌 또 다른 생물들에게 기회를 내주는 아픔을 나누고 있다.

창호지에 내리는 불빛처럼 어슴푸레 보이는 바다의 속살들, 요란하기보다 차라리 수줍게 들리는 바다의 언어들….

내가 포옹하고 싶은 또 다른 대상들이다.

마곡사 가는 길

옹골진 가을빛이 10월의 능선을 타고 몸살중이다. 바쁘게 살아온 일상에서의 탈출은 기대와 설렘으로 가득하다. 누구나 제자리를 지킨다는 것은 쉽지 않은 고행의 길이다. 삶을 지배하는 무수한 연결고리들을 끊고, 빠져나오는 결단을 내린 것은 대단한 용기다. 어렵게 얻은 자유에 대한 기대는 항상 신성하고 크기 마련이다. 어떤 여행이든 결과를 미리 예측할 순 없지만, 상상의 시간은 언제나 기대 이상의 행복을 안겨준다. 그 행복을 몸에 달고 사는 사람들은 어떤 사람들일까? 늘 반문하며 살아왔다. 하지만 오늘만은 어느 누구도 부럽지 않게 내가 그 자리에 서 있는 셈이다.

금방 비라도 쏟아질듯 하늘이 온통 연무로 가득하다. 벌써 3일째다. 중국발 미세먼지로 가득한 하늘이 원망스럽기도 하다. 모처럼의 가을여행인데 천고마비의 공활한 하늘이 왜 그립지 않겠냐마는, 새벽잠을 설치고 기다렸던 기대를 쉽게 내주고 싶지 않아 길을 나서는 것만으로도 기쁨에 젖기로 했다. 아무렴 서울보다야 지방이 오염이 덜할 터이고, 시골에서도 숲과 나무들이 사는 산속으로 들어가면 자연 정화작용이 뛰어나 상큼한 공기를 마실 수 있지 않을까 싶어서다.

생각의 차이는 있겠지만 가을산은 힘겨운 50대 가장의 어깨너머 힐끗 모습을 드러낸 미소로 표현해도 무리가 따르지 않을 듯싶다. 한 가정을 이끌기 위해 열정으로 살아온 시간 앞에 잠시 머물게 하는 달콤한 휴식이라 할까? 겨울, 봄, 여름을 지나는 동안 산전수전 다 겪은 모습을 들킬세라 살짝 뒤로한 채 곱게 옷을 갈아입고 빙긋 눈웃음치는 순간이 동병상련처럼 느껴져서다.

사람들이 사는 모습이나 식물들이 살아가는 과정이 특별히 다를 건 없다고 본다. 아픔은 내면으로 승화시키고, 기쁨을 드러내려 애쓰는 희생이 삶의 근간이 아닌지 싶다. 감춰진 내면의 세계를 들춰내기 싫어 곱게 치장한 외면의 정경들을 보고 연민의 정을 느끼지만 그것 또한 '호사스런 너의 염려라고' 핀잔을 받을 게 뻔한 일 같아 손사래가 절로 쳐진다.

J문학 가을 문학기행으로 유네스코지정 공주일원 백제문화유산 답사 일정에 합류했다. 백제의 후예로 태어나고 자란 유년 시절이

있었지만 공주는 난생처음 찾는 곳이다. 유적을 관람하는 기대도 있었지만, 솔직히 말해 내 마음속엔 덤으로 가는 마곡사에 관심이 쏠려있다. 우리나라 산사는 산수가 빼어난 곳에 자리하고 있기에 어느 곳을 가던 자연 속에 동화되기 쉬워 실망할 확률이 적다.

가을 향기로 가득한 시골길을 따라 주차장에 들어서자 산골의 정취가 듬뿍 묻어난다. 시절은 분명 가을이건만 사방에 밤꽃향기로 가득하다. 알밤막걸리, 밤채국수, 밤채나물, 밤식혜, 알밤비빔밥… 밤의 주산지답게 상가마다 홍보물의 물결이다. 공주가 우리나라 밤 생산량의 60%를 차지한다니 이해가 된다. 지방마다 특색있는 전통주가 있다. 애주가가 아니라 생소했지만 공주알밤막걸리도 그 대열에 당당히 합류한다. 밤으로 술을 빚다니 사람들의 지혜가 다양하고 무궁무진함을 새삼 느낀다.

마곡사 가는 길로 접어들었다. 계곡 사이를 타고내리는 물소리는 조용한데, 낙엽 지는 진동이 바람을 불러일으킨다. 걸음마를 배우는 아기의 모습으로 뒹구는 낙엽을 밟으면서 바람이 안내하는 길을 따라 걷는다. 여름날의 그 뜨거운 욕망의 기운은 시들고, 한없이 포근한 겸손을 준비하는 나무들의 순종이 연출한 계절의 향기가 폐부 깊숙이 파고든다. 피가 도는 길을 따라 온몸이 꿈틀거린다. 낙엽이 일으킨 바람이 어느새 내 몸 안에 들어와 세력을 키우고 있다. 진동이 바람이 되고 그 바람이 강풍으로 확산되듯이 터줏대감으로 고착화된 세포들을 일으켜 세우고 참회의 길로 인도하고 있다. 이는 분명 내가 꿈꾸던 여행의 목적과는 다른 길이지만 한 발자국도 벗어날 수 없다.

전진의 구호 속에 앞만 보고 살아온 시간들에 대한 배신일지 몰라도 지금은 내 몸속에서 일고 있는 변화의 바람에 몰입하고 싶다. 나를 짓누르던 욕망들이 하나 둘 떨어져나가 잰걸음으로 낙엽의 품에 안긴다. 깃털처럼 가벼워진 발걸음. 나무들이 왜 허물을 벗는지 이해가 된다. 허물을 벗는 것은 성장을 위한 필연이다. 이제껏 허물 한 번 벗지 못한 삶이었는데 오늘에야 그 맛을 알았으니 내 몸의 허물들 벗고 버리는 일상을 통해 성장의 길에 도전하는 삶을 살아야겠다.

자연과의 교감은 예의도, 격식도 갖추지 않아도 누가 뭐라지 않는다. 다만 마음을 비워가는 상태로 눈길을 주고받으면 된다. 마음을 어떻게 비워내느냐가 관건이다. '받는 기쁨보다 나누는 즐거움이 더 크다'는 말을 새기며 기운을 빼고 따라가면 되지 않을까 싶다. 가을 단풍사냥을 해보겠다고 얄팍하게 잔꾀를 부린 속마음이 드러나는 순간 자연은 나에게 실망을 보여주기 시작했다. 잎이 메말라 떨어지는 모습을 보고 가뭄 탓이라고 애써 미화시켜보지만, 나무들은 나를 비웃듯 바람에게 길을 내주느라 온몸으로 춤을 추고 있다. 저 경지에 이르기까지 얼마나 많은 희생과 순종의 시간을 보냈을까? 그들은 가만히 있는데, 메말라 떨어지는 잎을 보고 가뭄 탓이라고 애써 항변하는 나의 유치함은 자연 앞에서는 통하지 않았다.

나 자신을 돌아보는 시간이 필요했다. 얻으려는 욕망을 누그러뜨리고, 바람에 뒹구는 낙엽을 따라 눈길을 보냈다. 잔등을 타고 넘어 계곡으로 추락하는 곡예가 이어졌다. 슬퍼보였지만, 자연의 조화가 이뤄낸 또 다른 아름다운 연출이다. 아름다움은 스스로 고통을 이겨내는 과정임을 소상하게 보여주고 있다.

비탈진 능선을 타고 햇살이 스며들었다. 앙상해진 가지 사이로 내리는 햇살을 붙잡고 연홍색으로 곱게 익어가는 단풍나무가 눈에 들어왔다. 마곡사 스님들은 참선의 고행을 통해 열반을 꿈꾸지만, 나는 마곡사 가는 길목에서 낙엽이 내준 길을 따라 걷다가 숨겨진 행복의 이정표를 찾았으니 오늘 여행은 대성공인 셈이다.

(2015)

맷돌을 돌리며

눈이 내린다. 하얀 쌀가루를 뿌리듯 흩날린다. 앙상한 가지에 핀 새하얀 꽃이 포근함을 안겨준다. 역시 겨울은 눈이 내려야 제격이다. 눈길을 밟으며 병원에 가는 길이다.

병원에 가는 일도 쉽지 않다. 어느 병원에 어떤 진료과를 선택해야 하는지부터 벽이다. 종합병원에 전화해 안내를 받아도 딱히 떨어지는 답변은 들을 수 없다. 대부분 사람들은 이리저리 병원을 오가며 겨우 진료과와 전문의를 선택하게 된다. 시간 낭비다. 초기 진료를 위한 상담전문기관이 있으면 좋겠다는 생각을 해본다. 이런 불편을 조금이라도 해소시켜 주는 게 온라인정보다.

컴퓨터에서 레이노이드증후군(수족냉증)을 친다. 증상과 전문치료 병원까지 안내해준다. 대부분 과잉 스트레스성 질환이다. 스트레스를 받게 되면 열이 각 신체에 발산되지 못하고 심장과 가슴에 머물러 있게 된다. 손발이 차고 손가락 끝 말초신경이 팽창하여 혈액순환 장애를 일으켜 손이 붓고 고통을 호소하는 증상이다. 모든 병의 근원이 스트레스에서 시작된다고 한다. 알면서도 마음대로 할 수 없는 게 우리의 일상이다.

오랜 유학생활을 하고 돌아온 큰딸 정효가 손가락이 부어오르는 통증을 호소했다. 1년 동안 LSE에서 석사과정을 마치고 논문을 통과하면서 일순간에 방출한 에너시가 손이 부어오르도록 자신을 괴롭힌 것 같다. 찜질을 해주었다. 차도가 없었다. 수족냉증이 의심되었다. 걱정이 되어 전문병원을 찾아갔다. 중풍 전문병원으로 잘 알려진 집근처 DMC 한·양방 종합병원이다.

혈류검사를 위해 검사실로 향했다. 치매, 뇌졸중, 중풍전문 클리닉센터 안에 있다. 문을 여는 순간 병마와 싸우는 사람들이 재활치료를 받고 있다. 죽음의 위기에서 벗어나 한쪽이 마비된 몸을 재활운동으로 치료하는 환우들이 저마다 의지를 불태우고 있다.

맷돌을 돌리는 모습이 눈에 들어온다. 천천히 돌아가는 맷돌 속에는 그분들이 살아온 인생의 희로애락이 모두 담겨있다. 맷돌에 갈린 콩이 두부로 다시 태어나듯 새로운 희망의 끈을 붙잡고 돌리고 있다. 혼신의 힘을 다해 돌리는 모습이 짠해 보인다. 간호사의 도움으로 5분 정도 돌리고 나면 뒤를 이어 보호자의 도움을 받아 일정시간 동안 돌려야 한다. 근력을 되살리는 과정이다. 죽은 기능을 살리는 피나는 노력이다. 몸도 제대로 가누지 못한 반신마비의 몸으로 패그보드(원통형 나무토막)를 바구니에 옮겨 담는 운동을 반복하는 할머니의 당찬 의지도 보인다. 여러 가지 기구를 통해 잃어버린 건강을 되찾기에 매진하는 모습들이 애처롭다.

눈에 띈 부부가 가슴을 아프게 짓누른다. 60은 넘어 보이는 남편이 간호사의 도움으로 오른손목에 보호대를 차고 맷돌을 돌리기 시작했다. 맷돌은 일정한 방향으로 돌려야 한다. 힘이 부친 팔에 온몸을 의지해 돌리고 또 돌린다. 간호사의 도움이 끝나고 부인의 도움으로 맷돌을 돌린다. 풀린 힘을 모아 안간힘을 써보지만 멈추고 만다.

"돌려, 팔꿈치를 수평으로 올려야지."

주위사람의 시선은 아랑곳하지 않고 아내의 목소리가 높아진다. 아내는 퉁명스럽게 호통을 친다. 환자의 입장과 아내의 입장이 교차된다. 누구를 탓할 상황도 아니다. 예측건대 병상에서 오랜 시간을 보내는 동안 환자도 아내도 지쳐있는 듯했다. 아내의 퉁명스런 지시에 대꾸할 힘조차 없어 보이는 눈빛으로 운동을 계속한다. 짜증을 내는 아내도 저항할 능력조차 잃은 남편도 애처롭긴 마찬가지다.

오십대의 또 다른 환자는 아내의 극진한 보살핌에 감동 받아서

일까 얼굴에 화색이 돈다. 왼손에 보호대를 차고 이를 악물고 신나게 돌린다. 지켜보는 아내도 몸짓으로 응원을 한다. 환자도 보호자도 지친 기색이 없어 보인다. 대조적이다. 같은 증상을 앓고도 표정이 밝은 사람과 그렇지 못한 사람의 치유효과는 다를 수밖에 없어 보인다. 저 환자들도 쓰러지기 전까지 삶의 현장에서 누구 못지않게 열성을 부렸을 텐데, 한순간에 빼앗긴 건강 앞에 몸도 마음도 함께 무너진 것이다.

건강은 건강할 때 지켜야 한다는 말을 듣고도 쉬 지키지 못하는 게 우리의 삶이다. 바쁠 땐 바쁘다는 핑계로, 한가하면 게을러져 운동을 못하는 나의 삶도 예외는 아닌 듯싶다.

중풍전조증 문진표가 눈에 들어온다. 가까이 다가가 읽어 본다.

두통이 오래 계속되고 의심, 신경질 등 자신도 모르게 성격이 변했다는 소리를 듣는다.

뒷목이 뻣뻣하고 머리가 무겁다는 느낌을 받을 때가 많다.

몸에 균형이 잡히지 않고 어지러우며 물건이 둘로 겹쳐 보이고 구역질이 날 때가 있다.

한쪽 얼굴이 둔하고 손발이 저리거나 힘이 빠지는 느낌이 올 때가 종종 있다.

안면 신경마비가 있거나 얼굴이 씰룩거리고 눈꺼풀이 경련을 일으킬 때가 자주 있다.

한쪽 또는 양쪽 눈이 가끔 보이지 않거나 희미할 때가 있다.

소리가 안 들리거나 이명이 날 때가 있다.

갑자기 말을 더듬거나 혀가 굳어져 말이 둔하며 혀가 움직이지 않을 때가 있다.

한쪽 손에 힘이 없어 물건을 떨어뜨리거나 다리가 후들거려 비틀거린 적이 있다.

몸의 한쪽 팔, 다리, 얼굴 근육이 저리거나 약하게 느껴질 때가 있다.

가슴이 아프고 숨이 찰 때가 가끔 있다.

위 항목 중 2개 이상에 해당되면 중풍전조증에 대한 검사가 필요합니다.

코끝이 시큰해진다. 2개 이상 해당되는 것 같기도 하고 아닌 것 같기도 하다. 헛갈린다. 아름다운 황혼을 위해선 건강해야한다. 건강은 타고난 신체를 자신이 스스로 가꿔가는 것이다. 현재의 삶에 전력투구를 하는 것도 좋지만 미래의 삶을 위해 적당히 투자하는 것도 잊어서는 안 될 일이다. 노년에도 부부가 서로에게 부담을 주는 일 없이 행복한 시간을 보낼 수 있다면 얼마나 좋을까. 희망사항이겠지만.

건강검진센터에서는 일주일에 세 번 이상 등에 땀이 젖도록 운동을 하라고 권한다. 그 기준에 의하면 나의 일상은 낙제를 면치 못할 것 같다. 맷돌을 돌린다는 심정으로 당장 운동을 시작해야겠다.

바람 타고 떠나는 바다 나들이

봄의 전령은 역시 봄바람이다. 봄이 오는 길목은 왠지 쓸쓸하고 허전한 느낌이 든다. 어디론가 떠나고 싶은 충동이 일어날 땐 가벼운 마음으로 떠나면 된다. 남녘의 산들바람이 코끝을 스치고 지나가면 몸도 마음도 나른해진다.

봄앓이의 시작이다. 봄앓이는 자연의 변화를 몸으로 체험하라는 신호다. 호젓하게 자연에 취하면 저절로 치유가 된다. 자연은 무한한 생명력이 있기 때문이다. 봄바람을 타고 자유롭게 떠나는 여행은 겨우내 웅크린 세포에 생기를 돌게 하는 한 첩의 보약이다.

바닷가에 스며드는 봄의 매력은 기대 이상의 짜릿함이 있다. 바다는 계절마다 색다른 모습으로 우리를 기다린다. 겨울바다는 고즈넉해서 쓸쓸하지만, 봄 바다는 잔잔하게 부서지는 파도의 춤사위가 일품이다. 순한 햇살에 반짝이는 백사장을 거닐면서 파도와 하나 되어 더덩실 어깨춤을 한바탕 추고 나면 어느새 가슴은 바다가 되어 출렁인다.

생동감 넘치게 펼쳐지는 안면도 해안 길은 손색없는 봄맞이 장소다. 드르니항에서 꽃지해변까지 이어지는 약 12㎞의 안면도 해변 길은 바람도 쉬어가는 환상적인 올레길이다. 갯바람을 타고 오는 봄의 향연을 오감으로 체험할 수 있는 독특한 매력을 지니고 있다. 짭짜름한 봄 냄새를 맡으며 걷는 해변 길은 답답한 가슴을 뻥 뚫리게 하는 마력을 느끼게 한다.

길 떠나는 여행자에게 아랫목 같은 포근함을 느끼게 하는 곳이 삼봉해안이다. 삼봉해변은 사색의 길이다. 숲길과 백사장을 자연스럽게 이어주는 나무 데크가 있어 몸이 불편한 사람도 휠체어를 타고 송림과 바다의 아름다운 풍광을 감상할 수 있다. 해안과 송림 숲길, 농어촌을 한눈에 볼 수 있는 곳이기에 영화 및 뮤직비디오 촬영 장소로도 유명한 곳이다. 파도소리와 솔내음을 맡으며 백사장을 걷는 여유로운 힐링의 시간을 보내기에 안성맞춤이다. 친구, 연인, 가족 어느 누구와 함께 걸어도 행복한 마음의 평화를 누릴 수 있을 테다.

데크를 지나 백사장으로 들면 산골 다랑이 논을 연상하는 천혜의 모래톱이 기다린다. 썰물 때 드러나는 바다의 속살이다. 바다의 속살을 들여다보며 걷다 보면 어느새 기지포 해변에 안기게 된다. 해변을 따라 울창하게 쭉쭉 뻗은 곰솔과 분처럼 고운 모래숲길이 펼쳐진다. 마을 형태가 베틀을 닮았다하여 기지포(機池浦)다. 긴 모래언덕을 따라 사구식물들이 뿌리를 내려 바다와 육지를 이어주는 생명의 가교 역할을 하고 있다. 모래언덕 너머 시원스럽게 펼쳐진 백사장에는 달리기를 하는 사람, 조개를 줍는 사람, 시시각각 변화하는 자연을 카메라에 담는 사람… 저마다 특색 있는 나들이를 즐기는 곳이다.

기지포 해안에 매료돼 틈만 나면 찾는다는 독일인은 필리핀 국적인 부인과 두 살배기 아이를 유모차에 태워 걸으며 향수에 젖는다고 한다. 그들은 바닷물과 인접한 백사장을 즐겨 걷는다. 멀리서 밀려와 부서지는 파도소리에서 고향소식을 들을 수 있고, 짭짤한 바닷물에 손을 담그면 어머니의 체온을 느낄 수 있다고 한다. 얼마나 취하면 지구 반대편에서 울리는 소리를 들을 수 있고, 체온을 느낄 수 있을까? 그들에겐 이곳이 고향이요, 어머니의 품으로 생각하는 곳이기도 하다

그냥 바라만 보았는데
파도는 온몸으로 달려와
코끝이 부서지도록 사랑을 나누고

가만히 발걸음만 옮겼을 뿐인데
갯벌들이 토해낸 정에 갇힐 수밖에 없는
신비로운 기지포 해변….

기지포 해안의 아름다운 풍경에 젖어 걷다보면 두어전망대가 나타난다. 확 트인 시야에서 느끼는 황홀함이 폐부 깊숙이 파고들어 자유롭게 유영하는 갈매기처럼 바다 위를 날고 싶은 충동이 솟구친다. 전망대에 오르면 할머니 젖가슴처럼 포근하게 펼쳐진 바다와 절묘하게 조화를 이룬 해안습곡이 전망 포인트다. 바다에 떠있는 작은 바위섬은 한 폭의 동양화로 다가온다. 썰물이 되면 바위섬까지 걸어갈 수 있는 행운도 얻을 수 있다. 바다여행의 묘미는 서두르지 않아야 한다. 기다릴수록 더 많은 것을 보고 느낄 수 있기 때문이다.

서해의 노을은 역시 꽃지해변이다. 할미바위와 할아비바위 사이로 떨어지는 낙조를 보고 사진에 담기위해 여행객과 사진작가들로 늘 분비는 곳이다. 출정나간 장군을 기다리다 바위에서 죽음을 맞은 바위가 할미바위요, 할머니의 넋을 위로하듯 폭풍우가 몰아치던 어느 날 할미바위 앞에 할아비바위가 우뚝 솟아올랐다는 전설이 있다. 애절한 부부의 사랑이 붉은 노을이 되어 여행객의 발걸음을 붙잡고 있다. 영원한 사랑을 원하는 사람들은 꽃지해변 할아비와 할미바위 사이로 내리는 아름다운 일몰 앞에서 인증샷을 찍어도 좋을 듯싶다. 예측할 수없이 수시로 변화하는 서해의 일몰은 매순간마다 긴장과 기대감 속에서 색다른 스릴을 느낄 수 있어 여행객들로 북적거린다. 일몰을 보고 돌아서면 시장기를 달래줄 백사장항이 기다린다. 활기 넘치는 어시장에서 서해의 싱싱한 어패류를 보는 재미도 쏠쏠하고, 제철에 나는 어패류를 주문해 식도락의 대열에 합류하는 기쁨도 빼놓을 수 없는 안면도 나들이의 한 축이다.

보고 듣고 먹는 즐거움은 여행이 덤으로 주는 또 하나의 희열이다.

소박한 외출

괘청한 가을 하늘이 열리는 아침이다. 대청봉에서 시작한 단풍이 북한산까지 내려왔다는 보도에 걸맞게 아침 기온이 서늘하다. 평소엔 내가 출근하는 아침 6시 30분에 맞춰 아침상을 차리고 여유를 부리던 아내가 오늘은 나보다 먼저 분주하게 움직인다. 아내의 외출에 이유도 묻지 않고 그냥 자유를 주고 싶었다. 모처럼 출타를 서두르는 아내에게 도움을 주는 건 맞바람에 게 눈 감추듯 아침을 먹고 자리를 비켜 주는 일이다. 지난여름은 방학을 맞아 귀국한 정효, 희정이 두 딸들 뒤치다꺼리 하느라 여름휴가도 다녀오지 못했다. 모처럼의 가을 나들이가 그동안에 쌓인 피로를 말끔히 씻는 계기가 되었으면 하는 바람으로 잘 다녀오라는 인사말을 건네고 출근을 했다. 아내가 돌아오는 길에는 연홍빛으로 물든 수

즙은 단풍처럼 불그스레한 얼굴로 행복에 취해오길 기도했다.

점심때가 지났다. 그녀의 소식이 궁금했다. 어디쯤 가 있을까? 영문을 알려주지 않고 떠난 여행이기에 궁금증이 뭉게구름으로 피어올랐다. 정효 후배 난현엄마와 둘이 떠난 외출이기에 걱정할 건 못되지만 자유스럽게 일상을 털고 떠나는 용기가 참 부럽다는 생각이 들었다. 가던 길을 멈추고 하늘을 쳐다보았다. 티 없이 맑은 푸른 가을 하늘 저편에 목화송이로 부푼 하얀 뭉게구름이 마음껏 자유를 누리고 있었다. 눈을 부비고 부푼 구름의 창을 살며시 열어보았다. 그 속에 아내와 난현엄마의 모습이 보였다. 두 여인은 내가 훔쳐보는 줄도 모르고 환한 얼굴로 힘들지 않게 지난 시간의 무거운 때를 씻어내고 있었다. 하나 둘 떨어져나간 시간들이 바람에 날리는 억새꽃잎 보다 더 아름다웠다. 누가 저들의 삶을 지쳤다 하랴! 평화로운 저들의 모습은 세상에서 가장 아름다운 꿈을 설계하는 티 없이 맑은 소녀들이었다.

아내와 난현엄마는 평소에도 허물없이 지내는 사이다. 정효와 난현이가 고등학교 때 교환학생을 다녀온 인연으로 만났다. 차분하고 이성적인 성격이 서로를 이어주는 고리가 되어준 셈이다. 척박한 강 언덕에 뿌리를 내려 무성하게 잎을 내고 꽃대를 올려 삭막한 가을 강을 지키는 억새처럼 두 사람의 삶은 봉사와 희생이 전부였다. 서로의 만남은 거북등살처럼 굳어진 마음의 조각들을 유하게 풀어내는 기회로 의지했을 것이다. 예견되지 않은 이번 여행도 같은 처지에 놓인 두 사람만이 느끼는 감정의 텃밭에서 의기투합된 소박한 우정임을 직감으로 알 수 있다. 두 여인 모두 결혼과 함께 시어른들을 모시고 살아온 장부 같은 여인들이다. 그들의 결정은 결코 경솔하지 않다는 사실을 알기에 오늘 여행도 마음 놓고 자유를 누리길 먼발치에서 지켜볼 뿐이다.

어른을 모시고 산다는 것은 말처럼 쉽지 않다. 세대를 넘나들며 서로를 이해하려는 노력이 없이는 불가능한 일이다. 두 여인의 삶은 가족의 평화와 행복을 위해 개인의 감정을 내면으로 삭이며 사는 아픔을 수없이 겪었을 것이다. 그 과정에서 축척된 말 못할 사연들을 털어내는 그들만의 시간을 갖고 싶었던 것일 테다. 3대를 어우르며 미운 정 고운 정을 사랑으로 엮어내는 그들의 솜씨는 우리 시대의 장인이 분명하다.

어둠의 눈빛이 허기진 가을햇살을 밀어내고 있다. 밀려가는 햇살이 아쉬움으로 흘린 붉은 노을처럼 아내가 엮어낸 지난 시간들이 눈언저리를 타고 촉촉이 젖어왔다. 아내의 쉼터인 다향에 들렀다.

'개인사정으로 오늘 하루만 쉽니다.'

안내 표찰이 무색하게 7080통기타의 선율이 흘러나왔다. 바삐 가는 바람에 음악을 틀어놓고 간 것이다. 주인 없는 공간에서 추억의 멜로디를 들으며 취할 즈음 해맑은 웃음소리와 함께 두 여인이 출입문을 열고 들어왔다. 어둡던 실내가 환하게 빛났다. 예상보다 빨리 돌아와 속으론 얼마나 기뻤는지 모른다. 양손으로 감싸 안고 조심스레 들고 온 아이스박스엔 자연산 생굴이 담겨져 있었다. 뚜껑을 여는 순간 함께 따라온 짭짤한 서해바다 파도가 넘실대며 일렁이기 시작했다.

"어른들이 잘 드실 것 같아 사왔어요."

두 여인의 입에서 동시에 흘러나왔다. 싱싱한 생굴을 나누는 두 여인의 모습을 보고 뉜들 천사라 아니할 수 있을까? 짧은 여행에도 그녀들은 바보스럽도록 가족 속에 갇혀 있었다.

이번 여행은 난현엄마의 답답한 마음을 풀어주기 위해 아내가 동행했지만 어쩜 난현엄마가 아내를 위해 사전 계획한 것인지도 모른다. 고맙다는 생각이 들었지만 쑥스러워 마음으로 표하고 말았다. 어리석게 속으로 가슴 태우는 사내들의 체면이 말이 아닌 셈이다. 다만 이 가을의 풍성함보다 더 아름다운 두 여인의 우정을 위해 이 밤 긴 기도를 바쳐야겠다.

비둘기의 꿈

- 아는 만큼 보인다

1년 365일 하루하루가 다르듯 하루도 매순간마다 희로애락의 감정이 생물처럼 움직이는 것을 나는 직감한다. 변화하는 감정의 사이클에 적응하면 편안함을 얻지만 그렇지 못하면 불안하고 초조하여 자칫 침체상태로 빠지기 쉽다. 일상을 자연의 흐름에 맞춰 살아가듯이 하루를 여는 시간들도 자연의 이치로 보면 마음이 편안해짐을 느끼게 된다.

얼마 있으면 졸업시즌이 다가온다. 열심히 공부해서 졸업 후 좋은 직장에 취직하기를 바라지만 우리의 현실은 모두를 수용하기엔 역부족이 아닌가! 해마다 졸업 시즌이 되면 실망과 좌절의 늪에 빠진 젊은이들이 있다. 이들을 볼 때마다 안타깝기 그지없다. 세계 제일의 교육열을 가진 나라답게 쏟아져 나오는 인재들을 수용할 경제적 능력이 있다면 얼마나 좋을까?

나는 일찍이 꿈을 가진 젊은 세대들에게 넓은 시야를 가지라고 조언을 한다. 우리 세대는 숨 가쁘게 앞만 보며 살아왔지만 미래를 짊어질 젊은이들은 좌우도 보고 때에 따라서는 뒤도 보며 세상에 도전하는 파워풀한 힘을 길러야 한다고 생각한다. 부모 세대가 살아온 경험에 의존케 하는 것은 대리만족을 얻으려는 욕심에 불과하며 올바른 자녀교육이라 할 수 없기 때문이다.

젊은이들이여! 꿈을 향해 도전해라. 꿈은 어떤 형태로든 꼭 이루어진다는 확신을 마음에 심어라. 자기 확신이 심어진 사람은 서두르거나 흔들리지 않는다. 누구든 그런 마음을 갖게 된다면 인생의 반은 이미 성공한 셈이 되는 것이다. 기진맥진 지친 몸으로 겨울나기를 하고 세상을 비행하다 꽃을 찾아 돌진하는 벌들을 보라. 그들에게 주어진 기회는 꽃을 만나는 것이다. 꿀과 화분을 얻는 대신 수정을 위해 최선을 다해 일한다. 꽃에서 꿀을 따고 화분을 얻어 집을 짓고 새끼를 치고 사람에게 나눠주는 덕까지 쌓는 고마운 곤충이 아닌가? 어렵게 성공한 사람이 베풂에도 인색하지 않듯이 태어남을 감사할 줄 아는 자가 먼저 성공하는 법이다. 벌이 꽃을 찾아 반경 2㎞를 훨씬 넘게 날아다니는 것처럼 우리 젊은이들도 활동영역을 과감하게 넓혀 나갔으면 좋겠다는 생각이 든다. 자기가 생활하는 올망졸망한 영역에서 벗어나 더 넓은 세상을 경험하는 것이 꿈을 이루는 지렛대로 작용하기 때문이다. 현실 안주에서 탈피하고 고정관념을 깨뜨리는 용기가 있을 때 남들이 경험할 수 없는 또 다른 세상을 얻을 수 있다.

추석 연휴 때 가족과 함께 북한산을 등반했다. 북악지킴터를 통해 입산하여 형제봉을 거쳐 대성문, 대남문을 돌아 문수봉에 올랐다. 약간 힘든 코스지만 내가 좋아하는 등반코스 중 하나다. 그 첫 번째 이유를 든다면 단연 인공으로 만든 나무계단이 없는 자연 그대로의 산길이기 때문이다. 원시시대를 흉내내듯 손과 발로 바위를 부둥켜 잡고 오르내리기도 하고 밧줄을 타고 내리기도 한다. 봉우리 봉우리를 넘을 때마다 느끼는 스릴 또한 빼놓을 수 없는 기쁨이 있다. 쉬운 코스가 아니기에 인적이 드물어 경치를 구경하기에도 여유롭다. 삶의 길도 마찬가지가 아닌가 싶다. 모든 사람이 함께 가는 평범한 길보다 고생스럽지만 특별한 길을 가는 사람들은 그들만이 느끼는 매력과 보상이 충분히 있기 때문이다.

문수봉에 올라 땀을 식히며 가을 산행의 맛을 즐기고 있을 때 비둘기 네 마리가 날아왔다. 하얀 옷을 입은 놈과 짙은 회색 옷을 입은 놈, 하양과 연회색이 어우러진 옷을 입은 놈들이다. 한 가족이 아닌가 싶다. 인적이 많은 집 근처에 사는 집비둘기가 분명했다. 나무 사이를 용케 빠져나가는 비행솜씨로 보아 이곳 지형에 익숙한 녀석들이다. 도심의 새벽거리를 방황하는 여느 비둘기와는 사뭇 다르다. 깔끔하고 윤기 흐르는 통통한 몸매는 귀족의 티가 나기에 충분했다. 어디서 이곳까지 날아 왔을까? 저들도 산행을 하는 것일까? 먹을 것도 마실 물도 없는 산 정상에 그들은 왜 날아와 비행술을 선보이는 것일까 궁금했다.

그런 나의 우려와는 상관없이 그놈들은 여유만만하게 우리 곁으로 다가왔다. 생존을 위해 뒷골목 쓰레기통 주변을 배회하는 깡마른 비둘기들의 모습이 눈에 들어왔다. 순긴 지저분하다는 생각이 들어 쫓아보았다. 이런 나의 행동을 무시하고 더 가까이 다가오는 용기가 대단해 보였다. 배낭에서 초콜릿 하나를 쪼개 던져줬다. 잡힐지도 모를 지척거리인데도 태평스럽게 먹이를 쪼아 먹는 모습으로 보아 이놈들 삶의 터전이 이곳인 줄 알게 되었다. 매일 등산객이 던져준 먹이를 먹고 통통하게 살이 오른 것이다. 이 높은 산봉우리에 먹이가 있을 거라는 생각을 어떻게 했을까. 평범한 삶의 터전을 버리고 탈출할 생각을 어떻게 했을까? 병균을 옮긴다는 이유로 사람들에게 혐오의 대상이 돼버린 조류가 아름다운 산 정상에서 사람들에게 사랑을 받는 이유는 무엇인가? 일상에 얽매인 고정관념을 탈출하여 새로운 세상에서 여유롭게 대접받는 비둘기의 꿈이 실현된 것은 꿈과 이상을 향해 용기 있는 도전의 결과였다. 선회비행을 하며 또 다른 정상을 향해 날아가는 뒷모습이 가을 들녘처럼 풍성해 보였다.

산행을 마치고 돌아오는데 식당가 뒷골목에서 먹이쟁탈전을 벌이고 있는 비둘기 떼가 보였다. 저들의 꿈은 어디에 있을까?

홍대앞 클럽거리를 새벽까지 방황하는 젊은이들의 모습이 떠올랐다.

(2009)

빈 터

겨드랑이 틈으로 정이 흐르고 있다. 하늘 한 자락 내려와 쉬고 있다.

우주 만물은 무수히 많은 점으로 이루어져 있다. 그 많은 점 가운데서 나의 존재가 확인되는 것은 가슴 벅찬 일이다. 동물의 세계에서도 영역에 대한 애착은 강하게 일어난다. 자신의 활동 영역을 갖는 것은 행복한 일이다. 그러나 때에 따라서는 그 영역을 떠나야 하는 아픔도 느낀다.

누구나 정에는 장사가 없다고 한다. 보이지 않는 감정의 덫이 정이다. 가슴 설레며 보고파하고 기다려지는 마음이다. 덫에 걸리면 행동의 제약이 시작되고, 상처의 골이 깊어지면 죽음에 이르게 된다. 다행히 위기를 모면하면 또 다른 약진을 맞게 된다.

사람이 생명을 다하고 죽음에 이르듯이 집도 세월이 지나 필요의 가치가 없어지게 되면 헐리게 된다. 그러나 땅은 오래도록 남아있게 된다. 빈터로 남게 되는 그 땅은 일반화된 보편적인 땅과 다르다. 사람의 체취가 배어있기 때문이다.

바람이 불어온다. 새벽으로 넘어가는 깊은 꽃밤이다. 들창의 흔들림에 잠을 깬다. 어제 본 고향 집터가 마음에 걸린다. 지난날의 체취가 바람 타고 날아온 것일까?

오랜만에 시골 옛집을 다녀왔다. 어릴 때 살았던 집은 허무하게 사라지고 집 대신 빈터만 외롭게 남아있었다. 40년의 짧은 수명으로 헐려진 집터에는 기력 없는 햇살이 반쯤 누워 쉬고 있을 뿐 인적이 없었다. 울타리 겸 뒤뜰을 수더분하게 꽉 메워준 대나무 밭은 사람 없는 탓일까? 왕대는 어디 가고 잔죽만 울창하다. 마흔여덟 자의 땅속에 뿌리를 내리고 서 있는 작두 펌프는 예전 모습 그대로인 채 움직임이 없다. 병풍처럼 앞마당을 에워싼 돌담은 검게 핀 돌꽃이 에워쌌고, 사이를 메워주던 흙담은 늙은 얼굴을 내밀며 햇살에 취해 있었다. 모두들 인적 없는 외로움에 익숙해지려고 안간힘을 쓰는 모습들이었다. 비록 손때 묻은 문고리는 사라지고 없지만 남아 있는 부분들이 포근한 덫이 되어 정감어린 눈짓으로 날 부르고 있었다.

사람들은 태어나고 자란 곳을 유난히 그리워한다. 각자 살아가는 방법이 달라 잠시 잊었다가도 마음의 여유가 생기면 또한 고통이 따르게 되면 고향을 그리워하게 되고, 한 번쯤 찾게 된다. 그것은 인간의 본능이다. 포근하게 감싸주는 또 다른 맛, 그 감정의 세계를 느끼기 위해 수많은 귀성인파가 교통 전쟁을 치르면서도 찾아가는 곳이 고향이다. 나는 바깥세상으로 눈길을 돌려 신문명의 혜택을 받고 살면서도 마음의 고향은 예스러운 모습 그대로 남기를 원한다. 이율배반적인 욕심이다.

14년 전 집을 지키시던 부모님마저 도회지로 떠나오시면서 갖고 싶어 하는 동네 이웃에게 팔았다. 그렇게 이미 주인이 바뀌었지만 지금도 마음속엔 나의 소유인 양 주인 행세를 하고 지내왔다. 그 집은 바뀐 새 주인과 3~4년 함께 살다가 새 주인도 이사하면서 안채는 헐리고 행랑채는 허드레 창고로 좌천되어 외로운 세월을 보냈다. 동지섣달 긴긴 밤을 등불 하나 밝히지 못하고 지새는 동안 인정머리 없이 떠난 우리를 얼마나 많이 원망했을까?

그 원성과 그리움이 한마당이 되는 날, 나는 빈터만 바라보고 서 있다가 장독대 한 귀퉁이 대밭에서 스쳐 지나가는 바람 사이로 번득이는 작은 항아리를 발견했다. 그 항아리는 적어도 40여 년 동안 그 자리에 숨어 있다가 들킨 셈이다. 댓잎을 헤집고 들춰보았다. 실금으로 세월의 나이를 새긴 몸속에는 예전에 설익은 감을 담아 익혀먹던 흔적으로 감꼭지 몇 개가 남아있다. 내가 남긴 유일한 흔적이다.

하늘을 쳐다본다. 높은 구름 사이로 파란 하늘이 지나가고 있다. 시간의 흐름이 계속되고 있다. 초록의 댓잎 사이로 고목이 된 감나무가 보인다. 이젠 감을 딸 사람도 없고, 떫은 감을 항아리에 담글 일도 없다. 빈터에 빈 항아리만 남아 있을 뿐.

누군가가 필요에 따라 채울 수 있도록 거지중천(居之中天)으로 남아 있는 집터와 항아리 앞에 나는 또 하나의 항아리가 되어 서 있을 뿐이다.

지나치게 명분만 내세우는 사회 흐름에 한 몸이 되어 순수와 진실을 외면했던 나의 시간들….

영원하길 바라는 부질없는 마음을 털어내고 우리 모두의 가슴에 공유하는 추억의 뜨락으로 남길 나는 간절히 소원한다.

구름 한 점 날아와 집터를 덮고 있다.

사는 게 뭐라고

2016년 5월 19일 아침 뉴스에서 충격적인 소식을 접했다. 미국에서 15년 동안 아내의 병간호를 해오던 86세 남편이 부인을 권총으로 살해해 죽음에 이르게 한 사연이다. 끔직한 살인 행위지만 연민의 정을 느끼게 한다.

노부부는 관절염 등 만성질환을 앓아왔단다. 더구나 남편은 합병증으로 투병 중인 아내를 뒷바라지 해왔지만 약값을 감당하기 힘들어 사랑하는 아내를 살해했다고 한다. 그동안 살아도 사는 게 아니었다면서 자신의 행동에 후회를 한다는 뉘우침에 눈시울이 젖어왔다.

사랑의 힘이 아니었다면 그동안의 고통을 견디기 힘들었을 것이다. 사랑하는 아내가 더 이상 고통을 당하게 하고 싶지 않아서 선택한 일이기도 할 테지만 사랑하기 때문에 후회한다는 심정을 피력한 것이다.

환우들과 함께 살아보지 않은 사람들은 이해가 되지 않을지도 모른다. 마지막 순간 아내가 총부리를 겨눈 남편에게 어떤 말을 했을지 궁금하다. 삶은 서로가 자유롭게 활동할 수 있을 때 사랑도 행복도 의미가 있다. 몸이 쇠약해 자유롭지 못한 상태에선 기쁨을 누리지 못할 것이다.

누구나 건강하게 생을 마칠 수 있다면 걱정할 필요가 없겠지만, 그 또한 우리의 의지대로 할 수 없는 일이기에 나이가 들어갈수록 불안과 초조가 밀려올 수밖에 없는 게 현실이다. '긴 병에 효자 없다'는 말이 실감나는 대목이다.

일평생 사랑을 나누며 살았던 상대를 죽음에 이르게 한 사건이 비록 다른 나라의 일이지만 낯설지 않게 클로즈업되는 건 어떤 의미일까? 점점 고령화가 심화되어가는 우리나라의 현실도 그와 동떨어지지 않기 때문이다.

미국은 세계 최강의 선진국이다. 그들의 보험 체계와 복지 시스템은 우리와는 다르다. 한 달에 수십만 원에 달하는 개인부담 건강보험료를 지불해야 혜택을 누릴 수 있다. 그래서 보험을 가입하지 못한 빈민층이 많다. 보험에 가입한다 해도 약값이 비싸 수입이 없는 노인들은 병원에 가기가 어렵다. 다행스럽게도 우리나라

의료보험 체계는 모두가 혜택을 누리는 방향을 추구하고 있다. 저렴하게 진료를 받고 약을 구입할 수 있다 보니 때론 과잉진료라는 부작용을 낳기도 한다. 어느 제도건 모두에게 딱 맞는 맞춤형은 이 세상에 없다. 노후에 삶의 질을 높이는 건 건강을 보장받는 일이다. 꾸준한 자기관리를 통해 행복지수를 높이는 일을 게을리 해서는 안 될 일이다.

안타깝게도 우리는 최소한의 자기관리도 하지 않고 병원에만 의존하는 노인들이 많다. 아침에 내과에 가고, 점심때 정형외과 다녀오고, 저녁엔 한의원에 들러 침을 맞는다는 말이 노인들 사이에서 공공연하게 돌고 있다. 의료비 부담이 상대적으로 낮기 때문에 나타나는 부작용임은 부인할 수 없는 현실이다.

의료복지는 필요한 사람이 필요한 시기에 적절한 혜택을 받을 수 있도록 개선돼야 하지 않을까 싶다. 중증환자를 돌보는 보호자들의 아픔을 덜어주는 건강한 사회보장 시스템 구축이 절실히 필요한 이유다.

가정의 달 5월에 부평에 있는 S요양병원에 매일 출근하다시피 했다. 외부 공사를 총괄 관리감독하기 위해서다. 한 달여 동안 환우들을 지켜보면서 삶이 무엇인지 되돌아보는 시간이 되었다. 노인성 질환으로 정부지원을 받아 입원치료를 하고 있는 사람들의 눈에서 희망의 빛은 볼 수 없었다. 본인의 처지를 비관하거나 젊은 시절 자신의 삶에 대한 후회의 나날을 보내고 있다. 자신의 아픔이 가족의 고통으로 이어지는 미안함을 죄책감으로 느끼며 하루하루를 보내는 삶이 어찌 행복할 수 있겠는가. 보호자들의 고통은 더할 나위 없이 더 크다. 집안에 중증환자가 생기면 경제적, 육체적, 정신적으로 피폐하게 된다. 그 충격으로 가정파탄에 이르기도 한다.

입원중인 75세 할머니의 말씀이 귓전에 메아리로 머문다.

"나이 들어 몸이 불편하니 형제도, 자식도, 이웃도, 외면하는 천덕꾸러기가 된다. 젊은 부모들이여! 자녀들에게 너무 희생하지 마라. 자기 자신의 행복을 위해 투자하라. 우리처럼 나이 들어 가족들에게 짐이 되는 삶은 괴롭고 힘들고 슬프다. 자신들의 노후생활에 더 많이 준비하고 투자하라. 그것이 자녀들로부터 사랑받는 일이요, 짐이 되지 않은 처신임을 기억하라."

뼈아픈 충고로 들리지만 왠지 가슴이 답답하다. 그동안 나 자신을 위해 무엇을 얼마나 투자했으며, 사랑했는지 더듬어 보지만 어설프기 짝이 없다. 할머니의 말씀처럼 지금부터라도 나 자신을 더 사랑해야겠다. 돌아갈 시점에 '사는 게 뭐라고' 후회하지 않고, 참 잘 놀다간다고 웃으며 떠날 수 있도록 하루하루를 값지게 보내야겠다.

(2016)

나팔꽃 인생

이글거리는 8월의 햇살을 잠재우려는 듯 새벽에 이슬비가 지나갔다. 긴 가뭄을 이겨내고 푸르름을 자랑하는 들판의 벼들이 여느 해보다 튼실해 보인다. 오랜만에 마주한 시골풍경에 몸과 마음이 가볍다. 복잡한 도심에서의 탈출은 정지된 시간처럼 마음의 안정과 평화를 가져다준다. 모처럼 시각도 청각도 호사를 누리며 느리게만 움직인다. 어느새 느리게 사는 사람들과 발을 맞춰, 보고 듣고 걷는 여유로움이 온몸을 지배한다. 달콤한 시골정취에 하나가 되는 순간이다.

우리는 매년 휴가철이 끝나는 8월말쯤 휴가를 떠난다. 제철에는 많은 사람들이 오가지만 철지난 시기엔 많은 인파로 홍역을 치른 자연도, 사람도 쓸쓸하고 허전함을 느끼기 때문이다. 밀물처럼 밀려왔다 썰물로 빠져버린 바닷가의 허허로움보다 어쩜 더 휑한 느낌이 들기에 애처롭다. 우리 사정에 의해서 선택한 시기지만 매번 가슴 뿌듯함을 느낄 수밖에 없다.

이번에는 시골에 계신 처가를 찾았다. 교직의 장으로 은퇴를 하고 농사일을 하시는, 장인, 장모님은 뒤늦게 찾은 우리를 더 반기는 눈치다. 본인들의 의사와는 상관없이 우리 부부가 느끼는 감정이지만, 순간순간 허허로운 마음을 달래려는 속내가 드러나기 일쑤다. 그때마다 어린아이처럼 순수함을 간직한 한 쌍의 연인으로 보여 아름답기만 하다. 보면 볼수록 산들바람에 나풀거리는 꽃잎처럼 야위어진 모습을 애써 감추려는 밝은 미소는 세월을 달관한 마음인지도 모른다. 해가 지날수록 눈에 띄게 체력은 약해지지만 골 파인 주름 사이로 피어난 의욕적인 파안대소가 우리를 슬프게 한다.

농촌마을은 사계절 모두 고요한 적막이 흐르는 겨울이다. 고령의 노인들이 지키고 있기에 활기가 없다. 도시의 삶처럼 조급함과 서두름이 없다. 약이 다된 시계바늘처럼 느린 사이클로 하루하루를 열고 닫는다.

일손을 도우러 아파트를 나섰다. 동네 어귀 밭에는 깨, 땅콩, 고구마, 가지, 호박 등 그동안 뿌린 땀방울들이 푸른 생기로 돋아 무성하다. 수확을 하기까지 얼마나 많은 땀방울을 더 흘려야할까 싶어 기쁨보다는 걱정이 앞선다. 연금으로 편히 살아도 충분하지만, 손을 놓지 못하고 힘든 농사일을 하시는 모습이 안타깝다. 하지만 직접 대놓고 말할 수 없는 그분들만의 애틋한 정감의 영역이다. 수확의 힘듦보다 바리바리 싸서 자녀들에게 보내려는 속내가 감춰진 그 영역은 침범하고 싶지 않아 애써 외면한다.

우리 생각과는 달리 두 분은 농작물과 일일이 붙잡고 대화를 이어가며 산다. 객지로 떠나간 자녀들의 빈 공간을 메우기 위한 몸짓인지도 모른다. 두 분이 하시는 일은 더 이상 노동이 아니었다. 사랑을 심고 가꾸고 나누는 사랑 쌓기였다.

텅 빈 축사 기둥을 타고 오르는 보랏빛 나팔꽃이 눈에 들어왔다. 무성한 풀섶을 헤치고 뻗어 올린 기개가 범상치 않아 보인다. 생명의 끈질김으로 보기엔 너무도 애처롭다. 꽃말 '결속, 허무한 사랑'이 말해주듯 한 곳을 향한 몸부림은 그리움을 그려내는 무언의 춤사위다. 줄기마다 바동대며 붙들고 감아 오르는 애절함에 눈시울이 붉어졌다. 외롭게 농촌을 지키는 노인들의 모습으로 비춰졌기 때문이다. 자신들을 위한 삶보다 자식들을 위해 일생을 받쳐온 나날들이 많건만 아직도 그 끈을 놓지 못하고 발버둥치는 우리네 어른들의 사랑법과 흡사하기 때문이다.

누구나 생을 다하면 떠난다. 떠나는 그 순간까지 희생을 숙명으로 알고 살아온 노인들이다. 남은 인생 후회하는 것보다, 사는 게다 그런 거지 뭐하며 체념으로 산다. 그 삶이 낙이요, 희망이다. 한곳을 향한 그리움을 나타내는 나팔꽃처럼 알아주고 찾아주는 이 없어도 기약 없는 희망 한 자락 붙들고 끈질기게 정으로 핀 나팔꽃 인생이다.

돌아볼수록 허무한 게 인생이다. 나이 들면 외롭고 쓸쓸하다. 그뿐인가 불청객으로 찾아오는 치매가 두렵다. 문득 밀려오는 먹구름처럼 떨칠 수 없는 불안과 초조에 하루하루가 두려운 삶에서도 자녀들 걱정에 매달려 사는 노인들의 삶이 꽃내음으로 전해진다. 산들바람에 바르르 떠는 진보랏빛 꽃잎이 나팔을 불어댄다. 제발 잊지는 말아달라고 애원하는 절규로 들린다. 음성전화, 문자서신, 어느 것도 좋으니 정에 그리운 어른들을 기억해 주라는 외침으로 들린다. 그중에 제일은 직접 찾아와 얼굴을 보여주는 것이라고 덧붙인다.

8월의 햇살을 머리에 이고 깻잎을 따는 두 분의 모습이 나팔꽃보다 아름답다. 바쁘다는 핑계로 자주 찾아뵙지 못한 불효까지 정으로 포옹하고 환하게 웃는 모습이 우리를 더 슬프게 한다. 머잖아 찾아올 나의 모습이 눈에 그려진다. 그날을 위해 무엇을 어떻게 준비하고 받아들여야 하는지 복잡한 생각에 잠긴다. 준비 없는 노후 생활은 허무하고 외롭다. 하루가 다르게 변화하는 삶을 사는 자녀들에게 노후를 의지하는 것은 더 이상 정이 아니라 부담을 주는 일이다. 각자 추구하는 길을 향해 응원하는 마음으로 바라보는 것이 낙(樂)이 되도록 지금부터 마음 비워내는 연습을 해야 옳지 않을까 싶다.

외진 곳 마다않고 8월의 햇살 아래 핀 나팔꽃. 주어진 자리를 굳건히 지키고 꽃을 피워 열매를 맺는 나팔꽃 인생. 그리움을 꽃으로 피우고 환하게 웃는 모습이 천사를 닮았다. 그 누구도 피해갈 수 없는 삶의 끝자락이 추하지 않게 정 나누는 법을 익혀야겠다.

(2015)

산새의 울음

새벽 산을 오르면 고요한 적막이 흐른다.

간간이 들려오는 산새소리가 유일한 동행자가 된다. 싸목싸목 내딛는 발걸음에 낙엽 부서지는 소리가 산을 오르고 있음을 느끼게 한다. 적막을 깨는 내 발자국소리를 들으며 내가 우주의 한 점으로 존재하고 있다는 사실에 희열을 느낄 수 있어 혼자 오르기를 좋아한다. 한참 오르다가 숨이 가쁠 즈음엔 천년을 기다리며 반겨주는 복숭아꽃눈 언저리만한 바위에 앉아 묵상을 한다. 회백색의 바위 꽃에 둘러싸여 외로움에 지친 바위의 천년 질곡들을 들으며 울고 웃는 미치광이가 되기도 하고 내가 함께해 온 지난 세월들의 희로애락을 들려주곤 한다.

주변에는 햇살을 향해 남쪽으로 가지를 쭉 뻗은 재래송의 애절한 사랑 표현도 있고 분홍빛 얼굴로 눈 시린 푸른 하늘을 포옹하는 산벚나무 열매들의 열병식을 볼 수 있어 내가 개선장군이 된 듯 우쭐대는 기쁨에 젖기도 한다. 나무와 바위, 햇살을 나르는 바람과 인도의 들녘에 핀 야생목화송이보다 고운 구름떼를 바라보며 내가 살아온 세상의 작은 질곡들을 펼쳐내고 있으면 바위를 병풍처럼 에워싼 산초나무 가지 사이로 어느새 곤줄박이가 날아와 나보다 적나라하게 그들만의 삶을 들려주곤 한다. 부러운 눈빛으로 바라보는 나에게 새들은 재잘대며 지저귄다. 그들이 사는 세상에도 사람들이 느끼는 감정처럼 외롭고 쓸쓸한 날이 있다고….

외로움이 쌓이면 그리움을 찾듯이 새들도 희로애락의 아픔이 있겠다는 생각이 들었다. 서로 바라보며 주고받은 눈빛으로 우리는 경계의 눈초리를 풀고 대화를 시작했다. 간식으로 가져간 식빵을 비벼 던져 주기도 하고 오목하게 패인 바위 배꼽에 물을 부어 주기도 했다. 아름다운 목소리로 응답하며 물도 마시고 빵가루도 쪼아댔다. 새들은 자연과 어울려 사는 그들의 삶을 이야기했고 나는 사람 사는 세상의 일상을 털어 놓았다.

나는 군 생활을 마치고 고향을 떠나 객지에 왔을 때 외로움과 그리움의 깊이를 처음 느낀 적이 있다. 누렇게 익어가는 보리밭을 생각하면 지금도 그때의 환영들이 눈앞에 아른거린다. 사회생활에 첫발을 내딛던 순간 기대도 컸지만 긴 강물처럼 흘러내리는 그리움은 내 자신을 고립시키는 외로움의 울타리가 되기도 했다. 모든 것이 낯설고 혼자 해결해야 된다는 사실이 무서웠다. 거의 뜬눈으로 밤을 새다가 하얀 햇살이 문틈으로 스며오면 창문을 여는 버릇이 생겼다. 그때마다 하숙집 아주머니는 샘터에서 쌀을 씻기 시작했고 참새들은 해당화 가지에 앉아 요란하게 지저귀기 시작했다. 새들의 모습이 행복해 보였다. 그때부터 새들의 지저귐을 기쁨 넘치는 소리로 기억하게 되었다.

내가 사는 것과 그들이 사는 것이 다르지만 한 생명으로 태어나 자연과 더불어 삶을 유지하는 방법을 터득하는 것은 다를 수 없다는 생각이 들었다.

"우리가 세상에 태어나고 사는 것은 하늘의 의지다. 하늘이 만드신 화원에서 사람이라고 하는 신과 새라는 신이 또 다른 세상의 신들과 교감하며 순환해 가는 것일지도 모른다."

U화가의 말처럼 우리는 매일 허구의 세계를 찾아 바동대는지도 모른다. 인간 세상에는 욕심에 의한 불법과 거짓, 경쟁과 시기, 질투와 교만의 미로 속에서 올바른 삶의 기회를 잡기 위해 매일 허덕인다. 새들의 세계는 먹이를 찾아나서는 기본적인 욕구를 충족하는 것 외엔 자유스런 비행을 하며 자연과 하나 되는 일상을 즐기며 산다.

그들에게도 희로애락의 감정에 따라 울음이 다르다는 사실이 놀랍다. 나는 새소리를 즐거움으로만 받아들이는 오류를 범하고 살아왔다. 산새들의 지저귐을 듣고 비로소 그 소리가 감정에 따라 다르다는 사실을 알았다. 희망 가득한 아침의 새소리는 맑은 산울림으로 더욱 아름답고, 늘어진 가을 햇살에 배부른 새소리는 여유롭고 느긋하다. 상대에게 공격을 받는 순간에는 빠르고 날카롭게 목청을 높인다. 둥지에 침입자가 생기면 현란한 몸놀림과 날카로운 울음으로 위기를 넘긴다. 평화롭게 사랑표현을 할 때는 상대의 부리를 쪼아 주며 다가가 잔잔한 톤으로 구애를 한다. 산새들의 세계는 정녕 우리보다 평화로운 게 분명해 보였다.

산새에게 물었다.

"너는 왜 산속에서 외롭게 사니?"

'맑은 공기 마시며 하늘과 땅을 자유롭게 유영하는 삶은 신이 우리에게 준 특권인데 더 이상 뭘 바라겠소.'

"……."

'사람들은 왜 복잡한 도심에서 찌들어 살기를 좋아 하나요? 숨 막히는 빌딩숲에서 오염된 공기를 마시며 서로 바동대다 신성한 자연을 파괴하는 일에 앞장서나요?'

이기적인 인간들의 무자비한 개발을 새들도 두려워하고 있었다. 그 꼴을 보기 싫어 산에서 사노라고, 쫓겨 왔노라고 목청 높였다.

"……."

멀리서 굴삭기 소리가 요란하게 들려왔다. 나는 할 말을 잊은 채 산새보다 먼저 자리를 털고 일어섰다

가을 하늘엔 흰 구름만 둥실 떠가고 있다. (2008)

생존경쟁

장마전선이 남부로 내려갔다지만, 한바탕 빗줄기라도 쏟아질듯 흐린 날씨다. K수필가의 선집을 읽고 있는데 아기울음소리 같기도 하고 발정기 고양이의 구애소리 같기도 하고, 장난감 나팔소리 같기도 한 앙칼진 울음이 들려와 읽던 책에서 눈을 뗀다. 으레 흘러가는 소리겠지 하고 관심을 밀어내는데 더 앙칼지게 이어졌다. 눈 피로도 식힐 겸 소리를 따라 밖으로 나갔다. 소리의 진원지는 허공이었다.

8미터 높이 전신주에 매달린 변압기 위에서 치열한 싸움이 벌어졌다. 세 마리의 까마귀가 싸움을 하고 있었다. 그 옆에는 응원하듯 두 마리의 까치가 주위를 맴돌고 있다. 처음엔 구애의 손짓쯤으로 생각했는데 싸움의 강도가 점점 심각한 양상으로 번졌다. 자리를 잡고 버티고 있는 놈은 덩치도 크고 털에 윤기가 흐르는걸 보면 꽤나 힘이 있어 보였다. 거기에 맞서 싸우는 놈은 보기에도 허약해 보였다. 윤기 없는 깃털에다 덩치도 작아 대적하기엔 역부족인 듯싶었다. 겉보기엔 다윗과 골리앗의 싸움이 연상됐다. 생각과는 달리 작은 놈은 악착같이 울부짖으며 덤볐고, 큰놈은 달려드는 놈을 튼튼한 부리로 쪼아대면서 자리를 지켰다. 역부족이다. 약자의 설움이다. 힘이 부족하다는 걸 안 작은 놈은 목이 터져라 울부짖으며 덤벼든다. 생떼를 쓰는 어린아이처럼 발악하는 행동에는 무슨 사연이 있는 듯했다. 그렇지 않고서는 저렇게 물고 물리는 처절한 싸움은 하지 않을 게다.

역부족인 걸 알고 소리를 질러 주위의 도움을 청하려는 작은 놈의 속셈이 다분히 깔려있다. 세가 약하면 소리를 내어 구원을 청하는 사람들의 모습과 흡사한 행동을 보면서 약자의 설움이 떠올랐다. 게다가 튼실한 두 놈은 한편이다. 교대로 치고 빠지며 공격을 하니 약한 놈은 발악을 하며 덤빌 수밖에 방법이 없다.

게임은 10여 분이 지난 후에 끝이 났다. 대낮의 폭거는 강자들의 승리요 약자의 패배로 끝이 났다. 사건을 유추해 보니 약한 까마귀가 쥐를 잡아 변압기 위 안전한 곳으로 옮겨놓고 시식을 하던 중 덩치 큰 까마귀에게 들킨 모양이다. 먹잇감을 두고 벌어진 쟁탈전이다. 한 쌍 같기도 한 튼실한 놈들은 싸움을 교대로 하면서 먹잇감을 쪼아 먹는 전술을 폈다. 고도의 전술훈련을 잘 받은 병사들 같았다. 목숨 내놓고 덤비는 놈에 위압감을 느꼈을까? 지켜보는 우리의 시선을 의식해서일까. 어느 정도 배를 채우고 자리를 떴다. 약자는 그때서야 추레한 몰골로 자리를 잡고 남겨진 먹이를 청소하듯 쪼아대었다.

사연을 알고 나니 측은한 생각이 들었다. 그렇다 약육강식이다. 강한 자의 횡포다. 힘 있는 자만이 살아남는다. 자연의 법칙이다. 그 싸움을 한참 동안 지켜본 나는 화가 치밀었다. 약한 자를 위해 도와주지 못한 나의 행동이 미워졌기 때문이다. 목 놓아 울부짖는 처절한 순간을 지켜보고 있다는 현실 도피적 행동이 맘을 상하게 한 것이다.

어찌 이들의 싸움에서만 느끼는 감정일까. 우리의 현실을 돌아보면 모든 게 이권으로 덮여있다. 기득권을 잡기 위해 끊임없는 싸움의 연속이다. 한편으로는 정쟁에서 헤어 나오지 못한 우리 정치권을 생생하게 보는 것 같아 안타깝다. 사람들이 저 미물들을 흉내낸 건지 저들이 사람들의 악한 행동들을 답습한 건지 알 길은 없지만, 세상은 태초부터 이권싸움이다. 처절한 승부의 세계다. 포기하면 지는 것이다. 지면 낙오자가 되는 것이다. 살아남기 위해선 싸워서 이겨야 한다. 냉혹한 자연의 이치다.

인간사회에서 죄와 악은 법과 규범을 통해 질서를 유지하지만,

새의 세계도 법도가 있을지. 있다면 백주 대낮에 먹잇감을 강탈하는 행위는 처벌 받아 마땅하다. 새들의 사회나 사람 사는 사회나 약자들의 설움은 어쩔 수 없나 보다.

한동안 떠들썩했던 대형마트와 재래시장의 갈등이 떠올랐다. 지역 상권을 싹쓸이 하는 대형마트에 비해 상대적으로 열악한 재래 상인들의 싸움은 고래와 새우 싸움이다. 평등과 자본주의 경제체제가 대립하는 부분이다. 법 앞에 도덕적 잣대를 들이대고 사회에 호소하는 약자들의 외침은 생존을 위한 최후의 발악이다. 아이러니한 것은 그들도 대형마트를 이용한다는 것이다.

물고 물리는 혼돈의 연속이다. 이들의 싸움도 적당한 양보를 통해 공생을 하기에 이르렀다. 무엇이든 과하면 화를 부르게 된다. 힘 있는 까마귀가 적당히 배를 채우고 자리를 내어주는 것과 대형마트와 재래시장 상인들의 갈등이 봉합되는 사건이 눈앞에서 교차된다. 두 사건 모두 화해의 중심에는 양보라는 미덕이 있기에 가능했다. 치열한 경쟁사회를 살아가면서 양보는 쉽지 않은 일이다.

동서양을 막론하고 까마귀는 대접받지 못한 동물이다. 분명 강탈자지만 양보하는 미덕이 있는 걸 보면 영리한 동물임이 틀림없다. 게다가 보훈을 아는 반포지효(反哺之孝)의 효심은 명나라 말 이밀의 진정표에 이미 전하고 있다. 까마귀의 싸움을 지켜보는 마음이 가볍지 않은 건 무슨 연유일까? 앞만 보며 악착같이 살아온 나의 삶이 행여 다른 사람들에게 아픔을 가하진 않았는지 되돌아보게 하기 때문이다.

내일이 초복이다. 재래시장에 들러 수박을 사고, 마트에 들러 닭을 사서 둘이 하나 되는 기쁨으로 더위를 이겨 보련다.

(2013)

행복한 세상 만들기

입춘이다. 기다렸다는 듯이 SNS에 '입춘대길 건양다경(立春大吉建陽多慶)'이 오른다. 해마다 나누는 인사지만 올해는 예년과 다른 분위기다. 생동하는 싱그러운 봄을 목을 빼고 기다리는 사람들이 유난히 많은 겨울이었기 때문인 것 같다.

대부분의 사람들에게 찬바람이 부는 겨울은 춥고 배고픔의 상징이다. 나라도 기업도 어려운 경제 상황을 극복하기 위해 동분서주하지만 국민들이 느끼는 체감온도는 싸늘하기만 하다. 우리 모두가 공유해야할 난관이지만 봄을 그리는 간절함이 희망을 잃지 않으려는 몸부림으로 들리는 것 같아 안타깝다.

우리의 어려운 경제상황을 나라 밖에서 훤히 들여다보고 있다는 사실이 놀랍다. 데이비드 립튼(David Lipton) 국제통화기금(IMF) 수

석 부총재가 방한하여 쓴 소리를 했다. '한국은 사회적 계층 이동이 어렵고 중산층이 무너지고 있다. 재분배 정책을 통해 불평등을 줄여야한다'고 경고를 했다. '흥미롭게도 불평등이 심해지는 나라는 성장이 저하되고 반대의 경우 빨리 성장하는 것을 수년간 봐왔다'고 충고를 덧붙였다.

이 어려운 난국을 극복하는 길은 국민과 기업이 서로 신뢰하는 소통의 믿음이 서야 가능하지 않을까 싶다. 구시대의 유물인 종속관계를 벗어나 상호 협력과 동반자적 관계로 나아갈 때 기업도 국민도 함께 이익을 창출할 수 있지 않을까?

온 세상에 추태를 부린 땅콩회항사건은 우리 국민들에게 찬물을 끼얹는 슬픔으로 돌아왔다. 가진 자가 특권의식으로 약자를 휘두르는 모습이 세상 사람들의 눈에 어떻게 비춰졌을지. 우리 국민은 관용과 포용을 버리지 않고 지켜보고 있다. 데이비드 립튼이 지적했듯이 나눔을 통해 편견과 불평등이 해소되기를 희망하고 있다.

모든 기업이 다 그렇다는 건 아니다. 규모가 작은 중소기업을 경영하면서 많은 기부와 남다른 이웃 사랑으로 인정을 받은 사장님들이 있다. 그들이야말로 세상을 따뜻하게 하는 아름다운 경영인이다.

지난 가을이었다. 고양시 푸른기자단 회장을 역임한 친구 K로부터 견학을 제의받았다. 이름도 생소한 '바이네르 구두공장' 견학이라는 말에 난색을 표했다. 사실 구두가 필요하지도 않았고, 시간 여유도 없어서 거절했다. 친구는 구두는 덤으로 보고 정이 철철 넘치는 사람을 보러가자고 했다.

'정 넘치는 사람?'

호기심이 발동했다. 정에 약한 나를 K는 이미 알고 있었다. 매사에 정직한 K를 실망시키고 싶지 않아, 하던 일을 멈추고 아내와 함께 약속장소에 도착했다. 20여 명의 기자단과 함께 회의실로 안내를 받았다. 잠시 후 바이네르 대표가 직접 회사 소개를 했다. 그는 자그마한 키에 자신감이 넘치는 척당(倜儻*)이다. 산전수전 다 겪은 난사람이다. 난사람만으론 나의 시선을 끌지 못했을 게 뻔하다. 당찬 눈매에 편안한 미소는 여느 사람과 다를 바 없었지만 그의 독특한 경영철학이 내 마음을 흔들어 놓았다. 그는 자신의 저서에서 "실천하는 자가 세상을 바꾼다."고 목청을 높이고 있다. 어떻게 하면 조금 더 가치 있게 살까?를 고민하면서부터 자신도 모르게 사업이 저절로 풀렸다고 말하는 대목에서 눈시울을 붉히기도 했다.

충남 당진 출신으로 중학교를 졸업하고 작은아버지 제화점에서 구두 만드는 일을 시작해 오늘에 이르렀다. 1984년 전국기능경기대회에서 제화부문 동메달을 수상할 정도로 손재주가 탁월했다. 세상에서 가장 편안한 구두를 만드는 것이 그의 꿈이다.

깔끔하게 단장된 공장은 우리가 생각했던 작업장이 아니었다. 전시매장 같은 느낌이 들었다. 구두에 대한 애착만큼이나 직원들의 복지에 최우선을 둔 경영방침이 동종업계 매출 1위의 기업으로 성장시키는 원동력이 되었음은 부인할 수 없는 현실이다. 높은 임금과 상여금뿐만 아니라 대기업에서도 상상할 수 없는 승마, 수상스키, 최고급 스포츠카 타기 등 취미활동들을 직원들에게 무료로 제공하고 있다. 생산자와 경영자의 상생과 믿음이 조화를 이루는 경영방침에 누군들 박수를 보내지 않겠는가. 지금은 한걸음 더 나아가 장학사업과 어려운 소외계층을 위해 봉사를 아끼지 않고 있다. 누구나 할 수 없는 일을 그는 신나게 한다. 시켜서 하지 않고 스스로 찾아나서는 그의 행동은 경영인의 자세가 세상에 미치는 힘이 얼마나 소중한가를 직접 보여주고 있다. 김원길 대표야말로 국민 모두에게 사랑받는 이 시대의 참 경영인이다. 나는 그를 두고 작은 거인이라 부르고 있다.

땅콩사건처럼 우리 국민에게 상처를 안겨주는 대기업보다, 규모가 작은 중소기업이지만 스스로 나눔을 실천하는 김대표 같은 기업인이 있기에 어려움에 처한 사람들이 희망을 잃지 않고 애타게 봄을 기다리는지도 모른다. 한 사람의 생각이 세상을 바꾸는 힘이 되는 것은 그 마음에 진실이 담겨있기 때문이다. 아름다운 세상을 꿈꾸며 행복한 세상 만들기에 몸소 실천하는 그의 삶이 헛되지 않길 기도로 응원을 보낸다.

올해는 모든 사람들이 사랑을 듬뿍 느끼는 입춘대길 건양다경하시길 기원한다.

*척당(倜儻): 사내경서에 나오는 말로 뜻이 크고 재주가 뛰어나다.

3.

아름다운 동행

축복의 잔치

세 여인

11월의 마지막 날, 하늘 문이 열리듯 흐린 날씨다. 아침부터 찌뿌드드한 몸에 불청객이 올 것만 같더니 예상대로 콧물에 재채기까지 동반한다. 매월 말일이 되면 처리해야 할 일들이 많다.

서둘러 오전 일과를 마치고 다향에 들렀다. 감기를 초기에 막아보자는 심사다. 다향에는 직접 달인 쌍화탕이 상시 대기 중이다. 한 주발 마시고 나면 온몸으로 쫙 퍼지는 열기의 전율을 느끼게 된다. 웬만한 감기 초기증세는 간단히 치료되는 효험이 있다.

다향은 15평 남직 아담한 크기에 여러 가지 향이 함께 어우러져 물안개 되어 피어오르는 곳이다. 사랑방처럼 오붓한 대화를 나누기에 제격이다. 찾아오는 손님들 역시 조용하고 품위가 있는 분들이 대부분이다.

차향을 음미하면서 오기환 수필가의 수필집을 읽고 있었다. 조심스럽게 계단을 내려오는 소리가 들리더니 이내 세 여인이 들어왔다. 호리호리한 맵시에 깔끔한 옷차림을 한 70대의 할머니와 30대 중반으로 보이는 두 여인이었다. 할머니의 손을 꼭 붙잡고 들어오는 모습이 해바라기처럼 밝고 아름다워 보였다. 소박한 옷차림에 반듯한 표정의 할머니는 두리번거리시더니 "향이 참 좋구나." 하시면서 자리에 앉는다.

"어머님 좋으시죠?" 자리를 안내하는 큰며느리가 한 번 다녀간 뒤에 시어머니를 모시고 손아래 동서와 함께 찾아온 것 같다. 조용한 성품에 교양까지 갖춘 모습에서 고부간의 갈등은 찾아볼 수 없는 사이임이 눈으로 보였다. 세 여인이 하나같이 다정다감한 어투로 서로의 안부를 묻는다.

"어머님 식사는 어떻게 하세요?" 큰며느리의 물음에 "아주머니가 해줘서 먹지."

"등 푸른 생선을 많이 드시면 좋다던데요."

작은 며느리가 거든다.

"적당히 먹지, 잘 챙겨 먹으니 걱정마라."

할머니는 며느리들을 안심시키려는 표정이 역력했다.

상황인즉 노인은 우리 동네에 혼자 살고, 자녀들은 분가해 타지에서 사는 모양이다. 매주 찾아와 문안드리며 예를 갖추는 며느리의 마음이 새벽 달빛보다 고아 보였다. 예의를 갖춘 사이좋은 두 며느리를 앞에 두고 오순도순 나누는 대화에서 정이 넘쳐나고 있다. 가슴에서 우러나는 뜨거운 사랑 나눔이다. 각자 떨어져 살고 있지만 그들은 한 가족으로 두터운 신뢰를 쌓고 있었다. 며느리들에게 칭찬 일색인 할머니의 언사도 명품이요, 해맑은 미소로 받아주는 며느리의 눈빛 또한 일품이다.

부러운 생각이 들었다. 고부간의 갈등으로 형제간 우애에 금이 가는 일이 종종 벌어지기도 하는 안타까운 현실에서 이들은 등대 같은 존재로 돋보였다. 서로가 서로를 칭찬하고 배려하는 마음이 낳은 아름다운 몸짓이다.

노인과 함께 사는 입장에서 보면 소원한 일들이 있기 마련이다. 정작 노인과의 갈등이라기보다는 주위사람들에 의한 상처가 더 크게 느껴지기도 한다. 모시는 입장에서 최선을 다한다고 하지만 어찌 다 마음에 드는 일만 있겠는가? 그걸 이해 못하고 탓하는 집안에선 형제들의 우애가 뒤틀리기 마련이다. 정작 본인들은 하지 못할 일을 하고 있는 사람에게 따뜻한 위로의 한마디가 큰 힘이 된다는 사실을 알았으면 좋겠다. 부모를 모시고 사는 남편이나 딸들은 항상 아내나 남편에게 미안한 마음을 내면으로 삭이며 살아간다. 어머니와 함께 사는 나도 늘 아내에 대한 죄책감에 사로잡혀 있다. 포근한 칭찬 한마디 듣지 못하고 27년을 함께 살아온 아내는 늘 어머님 편에 서 있었기 때문이다. 동서들의 위로전화 한 통 받지 못하면서도 미워하거나 시기하지 않는 모습이 내 가슴을 더욱 아프게 하기도 한다. 세 여인의 아름다운 모습을 보고 아내는 어떤 생각을 했을지 마음이 답답해진다.

읽던 책을 덮고 잠시 눈을 감고 묵상을 한다. 낙엽 되어 날아간 지난 시간들이 지나간다. 30대의 아내 모습이 보인다.

승무원은 마지막이야

실천 없는 사랑은 감성주의라는 말이 있다. 이 시대를 살아가는 우리에게 경종을 울리는 충고의 메시지가 아닌지 싶다. 1993년 서해 훼리호는 파도를 이기지 못해 군산 앞바다에서 바다 속으로 침몰했다. 세월호와 유사한 사건이다. 20년 6개월이 지났지만 그때나 지금이나 아무것도 달라진 건 없다. 오히려 관피아(관료+마피아)의 치부가 드러나고 말았다.

타락한 관료시회의 영역 지키기에 선량한 국민들이 희생당하는 불평등의 사회가 되고 말았다. 특정 이익집단을 대변하기위해 몇몇 퇴직관료들이 산하단체에 재취업해 인맥을 형성하는 아이러니를 낳고 말았다. 대통령도 정부의 무능을 질타했지만 공염불이 되었다. 책임지고 처리할 전문 인력이 부재했기 때문이다. 통탄할 일이다. 그러고도 선진국 대열에 진입한다고 겁 없는 축배를 들려 했으니 하늘도 우리를 제지한 꼴이 되었다. 이번 사건은 세계 10대 경제대국인 우리를 세계인이 의심케 하는 황당한 부실을 보여준 셈이다. 내실없는 허풍정치가 일궈낸 비극이다. 선진국 문턱 운운하며 허세를 부린 정치인들은 이 사건을 어떻게 보고 있을까?

아무리 어려운 상황이 닥쳐도 자기를 희생해 남을 돕는 영웅은 나타난다. 선장과 승무원들이 도망치듯 탈출을 했지만 임시직인 승무원 박지영 양은 구명조끼를 나눠주고 대피시키느라 동분서주하다 목숨을 잃었다. 언니는 왜 구명조끼를 입지 않느냐는 아이들의 질문에 '승무원은 마지막이야'라고 외친 젊은이의 투철한 사명감이 우리를 놀라게 한다. 임시직이라 사회물정을 아직 몰라서 그랬을 거라 폄하하는 사람도 있을 테지만, 나는 그렇게 보지 않는다. 하나를 보면 열을 안다고 본래 심성이 착했을 거고, 매사에 적극적으로 참여하는 진취적인 성격의 소유자일 테다.

로마가 그리했듯이 인류역사를 뒤돌아보면 관료사회가 뿌리 깊게 흥할 때 그 나라는 망하고 말았다. 그들만의 영역을 구축하는 관료들의 부패는 패망으로 가는 지름길이 되었다. 선진국들이 자유경쟁체제를 추구하는 것도 어찌 보면 부패의 고리를 줄여보자는 암묵적인 의미도 담겨있다. 국가나 가정이나 스스로를 제어하지 못하면 재앙을 맞게 된다. 지금 우리 사회는 능력을 겸비한 청빈한 지도자들이 부족한 게 사실이다. 외적 팽창도 중요하지만 내실을 다지는 일도 시급하다. 신뢰를 바탕으로 한 정의사회 구축이야말로 우리 모두가 바라는 염원이 아닐까?

'승무원은 마지막이야'라고 외친 그녀의 당찬 메아리가 내 조국 대한민국을 다시 일으켜 세우는 부활의 메시지가 되길 기대해 본다. 동서고금을 살펴봐도 국가의 위기를 구해낸 사람들은 선량한 민초들이었다. 그래서 우리에겐 아직 희망이 있다. 비정규직의 설움을 감내하고 사명감으로 책임을 다하는 수많은 젊은이들이 있기에 다시 일어서는 부활의 기회가 꼭 찾아오리라 믿는다. '닭의 모가지를 비틀어도 새벽은 온다'는 말처럼 관료들의 부패가 제아무리 만연한다 해도 정신이 살아있는 미래의 젊은이들이 있기에 희망적이다. 그 희망의 끈을 이어갈 수 있도록 우리 기성세대들의 각성이 무엇보다 필요함을 절감한다.

이번 사건은 우리 사회 총체적 부실의 난맥상을 보여준 부끄러운 일이지만, 어려운 때일수록 힘을 모아 위기를 극복했던 우리 민족의 독특한 저력을 세계만방에 전하는 전화위복의 계기로 삼아야 할 것 같다. 그러기 위해서는 너나없이 무분별한 비판보다는 각자 자신의 위치에서 맡은 바 책무에 성실히 임하는 자세가 꽃다운 나이에 생을 마감한 아이들의 영혼을 달래주는 일이 아닐까 싶다.

그들의 꿈은 아름답고 살기 좋은 내 조국 금수강산이 세계의 등불로 우뚝 서서 영원히 밝혀지기를 원했을 것이다. 타락한 사회의 병폐를 고발하고 말없이 떠나간 희생자들이야말로 우리 모두의 가슴에 남은 애국자들이다. 원칙이 서고 정의가 살아있는 나라, 모두가 법 앞에 평등한 사회 구현이야말로 우리가 추구하는 이상적인 나라가 아닐까? 가진 자가 더 많이 양보하고 갖지 못한 자가 더 열심히 일하는 사회가 인류 복지국가로 가는 지름길이라면 우리도 마다할 이유가 어디 있겠는가. 출발의 깃발 높이 세우고 희망찬 행진곡을 연주하라.

오- 내 조국이여!

팽목항
이름 없는 포구가 일으킨
노도
노도가 삼켜버린
슬픔이기엔 분노가 더 크고
분노이기엔 슬픔이 더 큰
세월호 참사

때맞춰 6·4 선거
투표마다 쓰나미가 되어

젖은 마음들을 접어 넣는
노란 리본들의 표심

역사의 페이지엔 무엇이 기록될까
세월호
죽어버린 마도로스 정신
숭고한 의사(義死)
아니면 관피아
구원파

팽목항은 역사의 한 페이지에
이렇게 기록을 남겼다

'이것도 나라인가?'

승자도 패자도 없는 세상

세상에는 영원한 승자도, 패자도 없습니다.

하물며 영원한 우방도, 영원한 적국도 없다는 것을 이곳 사이공의 격전지 구찌터널 체험에서 얻었습니다. 베트콩들은 몸을 겨우 비집고 기어들어가야 하는 숨 막히는 공간에서 삶을 이어가며 세계최강 미국과의 전쟁에서 승리를 낚은 주역들입니다. 그러나 그들마저 자신들을 지원하던 우군에게 이용당해 승리의 축배를 들기 전 마지막 전투에서 처참하게 죽어갔습니다.

베트남 통일의 주역들은 낙엽처럼 역사의 한 자막으로 사라졌고, 호치민은 통일의 영웅이 됐습니다. 총알받이로 사라진 베트콩의 운명이 남긴 조국통일의 위업이 안겨준 기쁨 때문일까요? 월남전의 아픈 상처를 슬기롭게 이겨내고 있는 베트남 사람들은 더 이상 미국을 증오하지 않습니다. 지난 일은 과거요, 현실은 공존이라 말합니다. 시간의 흐름 속에 퇴색되어가는 감정의 골로 보기엔 왠지 추측이 빈약해 보입니다.

사랑은 베푸는 사람에게 더 풍요를 안겨주나 봅니다. 그래서인지 이곳 사람들은 과거에 집착하지 않습니다. 가진 건 부족하지만 여유가 있고 친절합니다. 꾸밈이 없는 표정에서 우러나는 빛나는 희망이라 할까요? 이들의 행복지수는 소득수준이 높은 우리보다 훨씬 높다는 사실입니다. 행복은 부와 반비례한다는 예시를 보여주고 있는 듯합니다.

우리가 사는 21세기의 흐름도 다를 바가 없어 보입니다. 지구도처에서 일어나는 분쟁과 테러의 공포도 어찌 보면 또 다른 주류가 되기 위한 몸부림인지도 모릅니다.

세상의 흐름은 언제나 권력자의 편에서 그려집니다. 주류가 되지 못하면 도태되고 마는 처절한 경쟁의 시대에 우리가 살고 있습니다. 하지만 영원한 주류는 지구상에 존재하지 않다는 사실에 우리는 희망을 겁니다. 비록 지금은 주류가 아닐지라도 언젠가는 주류가 될 수 있다는 확신이 있기 때문입니다. 강대국의 논리에 휘둘리는 약소국의 서러움을 움켜쥐고 성장을 통해 세계 1위를 고수하는 우리 기업의 깃발들이 나부끼는 모습은 가히 경이롭습니다. 지구상의 주역으로 군림하는 그날이 우리에게도 올 거라는 희망을 나는 믿습니다. 그동안 우리 민족이 나눈 희생의 가치가 높기 때문입니다.

과거와 현재는 구분해야 한다는 논리에 저도 동조합니다. 과거의 일에 과도하게 집착하는 행위는 바람직하지 않습니다. 자칫 진취적인 미래를 향한 발목을 잡는 과오가 될 수도 있습니다. 약간 비겁한 면도 없지 않지만 현실은 타협을 통해 실리를 찾는 사람들이 대부분 성공합니다. 개인과 개인, 국가와 국가 간에도 실리를 저버리는 우호관계는 존재하지 않습니다. 상호공존을 내세우지만 내적으론 이기기 위한 전술을 짜는데 몰두하게 됩니다. 평화 속의 전쟁으로 표현해도 무리가 아닌 세상을 살아가는 현실에서 증오는 상호간 경쟁구도의 관계를 파괴하는 불필요한 요인이 되고 맙니다.

"유대인은 오랫동안 박해와 학살을 당한 역사를 가지고 있지만, 증오를 말한 문학서나 문헌은 하나도 없습니다. 인간은 누구나 같은 한 가족으로 생각하기 때문에 오른손으로 무엇을 만들다 실수로 왼손을 자를지라도, 왼손이 그 보복으로 오른손을 자르는 것과 같은 짓은 하지 말라고 탈무드에 쓰여 있습니다." 기본 도의를 지키려는 그들의 지혜가 정신적 지주가 되어 세계를 움직이는 유대인 부호들을 만들어낸 결과를 낳았다고 봅니다.

상호불신과 대결의 집착을 버리고 공존의 길을 택한 베트남 사람들의 선택은 다분히 현실적입니다. 유대인 못지않은 경제적 효과를 얻고 있습니다. 그 결과 아시아 육용(六龍)의 주역으로 당당히 포효하고 있음을 느낍니다. 분주하게 움직이는 오토바이의 문화도 삶의 질을 높이는 활력이 되기에 충분합니다. 화합을 이루는 그들의 밑바탕은 어디서 나온 것일까? 그 중심에는 지도자의 덕망과 자연환경의 영향이 크지 않았나 싶습니다. 지도자의 청렴성과 검소한 삶이 국민들을 안심시키고 희망을 갖게 하는 등불이었다면, 바다와 육지를 이어주는 맹그로브 숲은 서로를 하나로 엮어주는 정신적 지주가 되지 않았나 싶습니다.

맹그로브 숲은 지구상에서 유일하게 짠물과 민물이 만나는 지역에서 서식합니다. 바다와 육지의 이질적인 생태계를 이어주는 헌신의 나무입니다. 그물망처럼 얽힌 뿌리는 세차게 밀려오는 파도를 막아주고, 해안의 침식을 억제하며 육지와 바다를 깊은 사랑으로 포용하고 있습니다. 그뿐 아니라 오염물질을 정화해 맑은 공기를 제공하는 역할도 단단히 하고 있습니다. 이런 자연의 습성을 닮은 것인지 이곳 사람들은 현실에 대체적으로 만족하며 살아갑니다. 공산체제를 유지하고 있지만, 어찌 우리보다 자유스럽고 치안도 안전합니다.

순수한 우리의 의지는 아니었지만, 한때 우리도 그들의 가슴에 총부리를 겨눈 슬픈 역사가 있습니다. 저 해맑은 눈빛에 총질은 왜 했을까? 돌이켜보지만 이런 나의 상념이 오히려 그들에게 어리석게 보일지 모릅니다. 말없이 주고받는 바다와 맹그로브 숲이 나누는 조건 없는 뜨거운 사랑, 그 사랑 앞에 나는 맥없이 무너지고 말았습니다. 가진 것이 진정한 삶의 질을 높이지 못한다는 사실 앞에 내 스스로가 가난해졌습니다. 사랑이 담긴 하나님의 법은 이곳에서도 어김없이 살아서 움직이고 있음을 느낍니다. 우리 서로 더 많이 사랑합시다.

(2016)

실수가 없다면 참 좋겠다

올 여름은 유난히 더웠다. 콧대 높은 여인의 눈웃음처럼 위세를 부리던 무더위도 9월의 입김 앞에 기가 꺾였다. 더위 탓이었을까. 전국 평균 강수량도 예년에 비해 적었다.

그런데 어찌된 영문일까? 맑은 하늘에 별들도 한가롭게 미소 짓던 주말저녁에 물난리가 난 것이다. 우리는 '소 잃고 외양간 고치는 일'을 언제까지 반복해야 하는가! 첨단홍수통제시스템으로 대책을 세웠음에도 무방비로 당하는 일을 무엇으로 변명할 수 있을까?

2009년 9월 6일 새벽 임진강에서 야영하며 늦여름 휴가를 즐기던 일행 6명이 갑자기 불어난 강물을 피하지 못하고 휩쓸려 죽음으로 돌아온 어처구니없는 참사가 있었다. 북한에서 사전 통고 없이 댐을 방류하여 일어난 사고였지만 우리의 대응은 말 그대로 무방비상태였다. 평화로운 주말 저녁에 저들은 왜 댐을 방류했을까? 그들의 속셈은 무엇이었을까? 우리의 군과 관은 무엇을 경계하고 평소 어떤 대비를 했을까? 가을들녘에 영글어가는 알곡처럼 의문에 의문이 꼬리를 문다.

우리는 과거에 금강산댐을 축조했던 일을 기억한다. 고사리 손으로 모은 저금통까지 털어 모금함에 넣었던 기억이 아직도 생생하다. 허구적인 정치적 쇼로 밝혀져 사업을 중단하고 방치중이지만 차라리 그런 안보의식이라도 있었다면 이번 참사는 막을 수 있었으리라. 공무원 한두 명이 문책을 당해서 될 일이 아니다. MB정권이 들어서면서 냉전으로 얼어붙은 남북관계가 부른 예견된 일인지도 모른다. 대화의 단절은 냉전의 불씨를 키우는 위험한 발상이다. 댐 방류를 북에서 통보해주길 바라던 순진한 우리의 전략은 남과 북이 서로 신뢰를 쌓아가는 대화의 진전이 있어야 가능한 일이었다.

1925년 7월 18일 을축(乙丑)대홍수가 있었다. 서울을 중심으로 경기북부에 집중호우가 내려 한강 위험수위 8.5m를 넘어 12.73m에 이르게 됐다. 당시 서울 시내는 물론 한강변 저지대는 큰 침수피해를 입게 되었다. 우리 선조들은 한강 홍수대비책으로 수중도였던 잠실일대에 3~4m 높이의 돈대를 쌓고 그 위에 느티나무를 심어 평시엔 더위를 피하는 정자로 활용했고, 홍수 땐 대피장소로 사용했었다. 100여 년 전 우리 선조들이 세웠던 지혜로운 수방대책이 을축대홍수 때 그 위력을 발휘하게 되었다. 홍수로 인해 섬 밖으로 대피하지 못한 700여 명이 돈대 위 나무에 매달려 구조를 기다리는 위기상황을 맞게 되었다. 구조를 바라는 비명소리는 바람처럼 구전을 통해 봉원사에까지 전해졌다. 안타까운 상황을 바라본 봉원사 주지 나청호(羅晴湖)선사가 배 5척을 모아 수몰 직전에 처한 708명의 생명을 구했다는 이야기가 봉원사 불괴비(不壞碑)에 기록되어있다.

선조들이 세운 수방대책과 한 선사의 의행으로 위기를 극복한 능력은 21세기를 사는 우리가 본받아 마땅할 자료임이 틀림없다. 이번 임진강 참사는 수방대책도 가동되지 못했고 위험에 처한 생명을 구조할 의인도 없었으니 우리가 사는 세상이 어찌 80년 전보다 안전하다고 할 수 있을까?

이제 와서 누가 누구에게 잘못을 탓한단 말인가! 허둥지둥 살아온 우리 모두의 실수인 것을…. 이제라도 하루하루 삶에 충실하여 저력 있는 내한의 자존신을 다시 살려보자. 삼천리금수강산에 걸맞게 평화롭고 살기 좋은 나라, 꼭 다시 찾고 싶은 나라가 되도록 우리 다함께 힘을 모아야할 때가 아닌가 싶다. 이제부터 시작이다. 서두르지 않고 여유를 즐기며 사는 선진문화 대열에 내 조국 대한민국이 당당히 이름을 올릴 수 있길 갈망한다. 내일이 바로 미래인 것을 우리는 왜 미래의 시간을 멀리만 생각하는 것일까? 혹 순간을 모면하려는 이기심으로 불안한 여유를 부리는 건 아닌지. 지금 이 순간이 내일을 심는 씨앗이라고 생각하면 서두를 것도 무심할 수도 없는 일이 아닌가! 우리에게 주어진 아름다운 시간들을 소중히 가꾸는 마음으로 주어진 책무에 임한다면 분명 지금보다 여유로운 사회에서 행복을 느끼며 살 수 있을 것이다.

나는 날마다 설레는 마음으로 내일을 바라본다. 지는 해가 잘록한 산허리에 내려오면 어머니의 젖가슴을 만지던 포근함으로 내일의 문(門)을 빠끔히 기웃거린다. 오늘을 사는 내 삶의 현장에 나의 미래가 함께하고 있기 때문이다. 이런 나의 행동이 실수를 줄여보려는 속셈이지만 오늘도 손전화기를 집에 두고 출근을 했다. 외양간 고치는 일은 아직도 계속될 모양이다.

좋겠다, 좋겠다, 실수가 없다면 참 좋겠다.

(2009)

고 향

대지가 기지개를 펴는 봄이다. 고향 생각이 난다. 돌담을 타고 스멀스멀 기어오르는 아지랑이처럼 겨우내 웅크렸던 심신을 펴기 위해 나들이를 나섰다. 고향의 정취를 느끼기엔 돌담이 제격이다. 종달새 지절대는 언덕을 따라 꼴망태를 메고 춤추며 걷던 순진무구한 시절, 그 시절이 그립다. 밀밭 길을 걷다가 푸르르 날아오른 새둥지를 발견하면 온기가 살아있는 새알을 주워 대파줄기에 넣고 구워먹던 그 맛. 꿈같은 이야기지만 천연 웰빙식이 아니던가. 가슴 언저리 한켠에 항상 그리움으로 자라는 향수다.

내 유년 시절의 추억을 듬뿍 안겨준 고향의 들녘도 개발이라는 미명하에 깎이고 파헤쳐져 그 모습 찾기 어려워졌으니 눈에 보이는 어색한 풍광들이 타향처럼 생소하게 느껴져 아쉽다. 나는 고향을 등지고 나와 세상과 휩싸여 변할 대로 변했지만 너만은 그 자리에 옛 모습 그대로 남아 추억을 간직하고 있길 바라던 내가 욕심쟁이였다는 사실을 이제야 알게 되는구나. 푸른 동산 밀밭 길을 거침없이 뛰놀며 지내던 우리의 낭만, 뉴질랜드의 드넓은 초원도 부럽지 않을 그때의 그 외침들이 환청으로 들려온다.

내 고향 금강골은 산골마을이었지. 교룡산 깊은 정기를 온몸에 안고, 늘어지게 낮잠을 청하는 호랑이의 모습이라고 풍수지리에 밝은 선조들이 말씀하셨지. 호랑이 품에서 태어나고 자랐으니 어딘들 적응 못하랴. 타지에 뛰어든 지 40여 년 세월을 용케도 견뎌낸 의지도 고향 덕이리라. 고향을 위해 무엇을 했느냐고 묻는다면 할 말이 없지만, 낯선 타향에서 억지 정붙이며 살면서도 한시도 잊어본 적이 없다. 고향은 정이요, 사랑이요, 병풍처럼 든든한 '뒷배'였기 때문이다. 그래서 고향을 지키며 사는 친구는 정스럽고, 젊음의 향이 살아있어 좋다. 우리처럼 타관살이 하는 사람들은 늘 정을 그리워하는 아픔을 가슴에 담고 산다. 돌 지나기 전 엄마젖을 떼고 힘들어 보채는 아기의 목마름이랄까? 그에 비하면 고향에 사는 친구는 포근한 정을 누리며 사니 얼마나 축복인지 모를 테지. '암 데나 정들면 못살 리 없건만 그래도 정든 내 고향이 아니 가장 그리운가'라고 읊조린 시인의 마음은 고향을 등지고 사는 사람들 모두의 마음이지 싶다.

그립던 고향도 오랜 시간이 지나 찾아가면 어색하고 소외감을 느끼게 된다. 산천도 변하고 사람도 바뀌고 아낌없이 나누던 이웃의 정마저 떠나간 세상이니 그곳에 머물러 있기를 바라는 마음은 애초부터 허실이었다. 오순도순 정 나누며 살던 꿈같은 내 고향은 어디가고 찬바람이 휭 도는 타관처럼 느껴지는 건지….

달에 가면 있을까, 해에 가면 있을지 빈 하늘을 바라보며 숨바꼭질 하듯 그려본다. 부질없는 짓인 줄 알면서도 매달려 보는 건 세월이 남긴 허상들을 지워내려는 억지인지도 모른다.

가난해도 마음은 넉넉했고, 고달픈 삶 속에서도 기쁨을 잃지 않던 나의 유년 시절은 잊을 수 없는 추억으로 가슴속에 고스란히 남아있다. 그때의 흔적들은 사라졌지만 마음속에 남아있는 고향은 늘 풍성하고 따뜻하다. 잡초만 무성히 자란 옛 집터를 바라보며 지난 추억을 떠올려 보지만 물에 덜 섞인 미숫가루처럼 어색하기만 하다. 내가 변한 만큼 달라졌으리라 짐작은 했지만 정마저 떠나간 고향집터는 찬바람만 기웃거리고 있다. 4년 전 고향을 지키시던 형님마저 돌아가시고 남은 식구들도 객지로 떠나 지금은 무연고지가 됐다. 죽음을 예견했을까? 형님은 할아버지 산소까지 종산으로 이장을 했으니 나의 탯자리라는 명분 하나로 고향이라 말할 수 있는 처지도 아닌 듯싶다. 마음의 고향이 되고 말았다.

미안한 마음에 슬그머니 도망치듯 동네 어귀를 빠져나왔다. 먼발치에서 두리번거렸다. 느리게 걸으면서 추억들을 곱씹어 본다. 약골 고구마 밭은 비닐하우스로 변했고, 장질(장에 가는 길) 다랑논은 경지정리가 되어 찾을 길이 없다. 표지석으로 우뚝 선 친구의 우사에서 송아지 울음소리만이 정겹게 들릴 뿐이다. 마을 어귀를 흐르는 실개천은 사라지고 없지만 파릇하게 돋은 버들잎을 입에 물고 추억을 회상하며 논두렁길을 걷는다.

참개구리 한 마리가 발길을 막는다. 겨울잠에서 막 깨어난 듯 깜박거리는 눈망울이 서툴고 어색하다. 낯설고 외롭긴 나와 마찬가지인 듯 개구리도 쉬 길을 떠나지 못하고 있다. 외로운 두 나그네의 어색한 만남이다. 서로가 갈 길은 다르지만 고향을 찾아온 길손임은 틀림이 없다. 느린 걸음으로 향수를 느끼고 마시면서 새로운 만남과 정을 청해 보지만 쉽지가 않다. 기쁨을 나누기도 전에 이별을 생각해야하는 배신자에게 뉜들 정을 주겠는가. 아쉬움을 뒤로하고 또 다시 떠나야 하는 나그네.

느티나무 가지에 둥지를 튼 까치 울음소리가 귓전에 맴돈다.

(2013)

실종된 예절

어깨 통증치료를 마치고 돌아오는 길이었다. 차가 홍제천변 도로에 진입하려는 순간이었다. 강아지를 몰고 산책 나온 할아버지와 지나가는 할머니 한 분이 서 계셨다. 오토바이에서 내린 20대 후반 청년이 할아버지 앞에 바짝 다가가 배를 치밀고 치켜보며 "그래 ㅆㅂ 새끼야 너 몇 살 처먹었는데?" 한다.

얼이 나간 할아버지는 "70이다 왜?"라고 말한다. 순식간에 일어난 일이라 옆에서 지켜보던 할머니도 놀라 넋이 나가고, 지나가던 나도 순간 눈길이 돌려졌다. 내가 도착하기 이전에 어떤 일이 벌어졌었는지 알 수는 없다. 하지만 청년의 상스런 언행에 안색이 창백하게 변해가는 할아버지 얼굴로 봐서 뜻밖의 일이 벌어진 것 같기도 했다.

차창 밖에서 벌어지는 논쟁을 지켜보며 온몸이 부들부들 떨렸다. 차에서 내려 그 청년에게 일격을 가하고 싶은 심정이 머리끝까지 치솟았다. 순간 머릿속이 혼미해졌다.

'참아야 한다. 그냥 지나쳐 그게 오히려 말리는 거야.'

'아니야, 갈 때 가더라도 따귀라도 때려주며 사과를 시켜야해. 아니 그건 말도 안 돼. 폭력은 안 돼. 타일러야 돼.'

'타이른다고 들을까? 정의를 앞세워 제3자가 끼어들어 시비가 벌어지고 경찰서에 끌려가 조사를 받고 그 다음엔….'

찰나에 벌어진 머릿속의 혼미한 전쟁을 뒤차의 경적소리가 깔끔하게 정리해 주었다. 영문도 모르고 뒤쫓아 온 승용차가 자칫 위기가 될 뻔한 순간을 구해준 셈이다. 평소 내 성격으로 봐서 그냥 지나치기엔 무리였을 상황이었기 때문이다. 이런 나의 성격 때문에 매번 참으라고 다그치던 아내의 얼굴이 떠올랐다.

내가 어렸을 적만 해도 어른들은 우리의 우상이고 존경의 대상이었다. 지금에 와서 그때의 모습을 떠올리는 것조차도 어색한 일이다. 핵가족이 시작되면서부터 과잉보호의 물결에 휩싸이게 되었다고 봐도 무리가 아닌 듯싶다. 부모와 어른에 대한 공경심이 사라지다 보니 어른을 향한 존경심마저 흐릿해진 것이다. 그렇다고 모든 삶들이 다 그런 것은 아니다. 지금도 가정교육이 철저한 집안의 아이들은 예의 바르게 행동하기 때문이다.

잘 가꿔진 홍제천변 원두막이 눈에 들어왔다. 지붕 위에 가을 하늘을 듬뿍 이고 살랑살랑 춤을 추는 가녀린 코스모스가 보였다. 혼자 지탱하기조차 힘들어 보이는 가지들이 타들어가는 긴 여름날의 햇살을 받으며 꽃을 피운 의지가 범상치 않았다. 때로는 바람의 농락에 굽히고 참으면서 뜨거운 여름을 나고, 태풍이 휩쓸려간 상처를 견디면서 꽃을 피운 코스모스다.

한반도를 가로지른 태풍 볼라벤의 위력에 나뭇가지가 꺾이고 뿌리째 뽑히기도 한 위급한 상황을 견뎌낸 사태를 보면, 비록 여리지만 강함이 내재돼 있음을 엿볼 수 있다. 저 척박한 지붕에서 온갖 풍상을 다 겪으면서 꽃을 피워 하늘을 이고 노니는 아름다움이 경이롭다. 빈약한 우리 사회에서 현실을 낮추며 살아가는 이 시대 노인들의 모습을 비춰본다. 나이들수록 강함은 감추고, 부드러움이 드러나는 삶을 살아야 한다는 교훈으로 다가왔다.

그 청년의 막말에 속이 상했을 할아버지가 하늘거리는 코스모스처럼 마음의 상처를 털어내고 밝게 웃었으면 좋겠다. 내일도 이곳을 산책할 할아버지가 부드러움의 미학을 보고 마음의 평정을 온전히 찾았으면 얼마나 좋을까?

원두막 지붕 위에서 여리지만 강한 모습으로 바람에 흔들리는 코스모스가 눈에 어린다. (2012)

아가씨와 비둘기

밤새 기온이 뚝 떨어졌다. 가을이 찾아온 게 분명하다. 사람들의 움직임도 빨라졌다. 이른 아침엔 오가는 사람들이 많지 않아 지나가는 사람들을 대부분 기억할 수가 있다. 나는 매일 아침 걸어서 사무실에 출근한다.

7시에 집을 나서 골목 모퉁이를 돌아 큰길가 버스정류장에 이르면 몇몇 낯익은 얼굴들과 마주치곤 한다. 먼저 보는 사람이 다정하게 나누는 인사말에 하루가 상쾌하게 시작되는 기쁨을 얻게 된다. 동네에서 느끼는 정겨운 풍경들이다. 우리는 아침 인사를 나누는데도 경쟁을 한다.

'안녕하세요?' '좋은 아침입니다' '행복하세요' '젊어지세요' '반갑습니다' 선수를 놓치는 날이면 왠지 빚진 것 같아 지나는 순간 다리 힘이 빠지기도 한다. 선수를 친 아침에는 기쁨 두 배로 홰치는 수탉처럼 의기양양하여 걸음걸이가 달라진다.

그런가 하면 인사말 없이 매일 마주치는 사람도 있다. 의식 없이 서로 바라보며 지나치기도 한다. 무관심의 관계를 연출하는 것이다. 매일 지나는 사람들 중에 나와 인사를 나누는 사람은 그리 많지 않다. 다정하게 인사를 나누지 않는다 해도 같은 동네에 살고 있다는 사실을 서로가 인정하며 마음의 정을 쌓기도 한다. 행여 낯선 사람이 지나가면 관심을 끌기에 충분했다. 동네의 아침은 이토록 정겹게 시작된다.

정류장을 지나면 김밥집이 보인다. 나는 그곳을 비둘기 광장이라 부른다. 먹을거리를 찾아 나선 비둘기들이 아침 식사를 하는 곳이기 때문이다. 어느 날 하얀 비둘기가 찾아와 김밥 마는 손놀림을 넋 잃고 바라보다가 아주머니와 눈이 마주쳤다고 한다. 그들의 만남은 투명 유리창을 사이에 두고 가슴 찡한 사랑으로 이어졌다. 그날 이후 아줌마는 자투리 김밥을 잘게 썰어 던져 주곤 했단다. 흰 비둘기는 하루도 거르지 않고 찾아와 배를 채웠고 밤샘 근무에 지친 아줌마는 퇴근 시간이 다가왔음을 알려주는 흰 비둘기를 기다리며 행복을 얻었다고 한다.

행복은 항상 주위에서 서성대는데 우리는 멀리서 찾으려고 매일 방황한다. 이들은 가까운 곳에서 행복을 찾아 즐기는 법을 보여주고 있다.

날마다 이들의 사랑은 기다림으로 익어갔다. 비둘기의 숫자도 늘어났고 지친 아줌마의 얼굴에도 웃음꽃이 피었다. '사랑이란 머무는 순간에 충실하라'는 말처럼 이들도 가을 사과처럼 빨갛게 익어갔다. 하루하루 신맛과 단맛의 높이를 재며 저들만의 당도를 높여가고 있었다.

매일 보는 광경이지만 나는 그들의 행동에 관심을 보일 필요가 없다. 행여 나로 인해 그들만의 사랑 비법이 탄로 날까 두려워서였다. 다만 이들의 행복을 마음속으로 즐기며 다녔다.

어느 날부터 아줌마가 보이지 않았다. 아침 일찍 날아온 비둘기는 30여 분이면 족할 만남을 위해 한나절을 서성거리고 있었다. 그날 이후 아주머니는 보이지 않았고 비둘기는 매일 같은 시간에 찾아와 광장을 배회하다 날아가곤 했다.

아주머니가 직장을 떠난 지도 보름이 지났다. 흰 비둘기는 수척해진 몸매로 매일 찾아왔지만 혼자 외롭게 돌아가는 모습이 안타까웠다. 가끔은 나를 서너 발짝 따라 오기도 했지만 내가 해줄 수 있는 건 아무것도 없었다. 그 아주머니처럼 정이 많은 것도 아니고 나는 그들이 나눈 사랑의 깊이를 알기 때문에 더욱 냉정할 수밖에 없었다.

오늘은 새로운 사람과의 만남이 있었다. 비둘기 광장에 30대쯤

돼 보이는 젊은 아가씨가 앉아 있었다. 혹 같은 처지를 겪은 상처를 고통분담 차원에서 나누려는 것일까? 아가씨는 열심히 대화를 건네고 비둘기는 경계의 눈초리로 일정 거리를 유지하고 있었다.

"누구를 기다리는 거니?"

"밥은 먹었니?"

"외롭게 혼자가 된 이유라도 있니?"

떨어지는 은행잎처럼 쏟아내는 아가씨의 말은 비둘기에 대한 위로보다 자신의 심정을 고백하는 수준으로 들렸다. 가는 길을 멈추고 멀거니 바라보았다 10여 분이 지났다. 아가씨는 가방을 뒤적여 점심으로 준비한 듯한 식빵을 손으로 비벼 던져주며 주문 외우듯 대화를 이어갔다. 그때서야 비둘기도 아장걸음으로 거리를 좁혀왔다. 한참을 바라보다 지나가는 나를 바라보며 아가씨는 해맑은 미소를 지어 보였다. 처음 보는 사람이었다.

엉거주춤 멋쩍은 미소로 답례를 하고 도망치듯 지나쳤다. 비둘기와 오랫동안 눈을 마주친 나는 무심코 지나쳤는데 처음 나타난 아가씨가 비둘기와 정을 표하고 있다는 사실이 쑥스러웠다. 좋아하는 감정이 없다면 저토록 순수한 행동이 자연스럽게 이루어질 수 없다는 사실을 느낄 수 있었다.

횡단보도를 건너 뒤돌아 볼 수 있는 기회가 생겼다. 그들은 자리를 뜨지 않고 있었다. 마음 착한 아가씨는 '노블리스 오블리주'

를 손수 나누고 있었다. 출근길을 늦춰가며 아름다운 행복을 즐길 줄 아는 아가씨가 부럽다는 생각이 들었다.

그날 이후 아가씨의 모습도 볼 수가 없었다.

흰 비둘기도 날아오지 않았다. 비둘기광장에는 가을바람에 떨어진 낙엽만 뒹굴고 있었다.

(2007)

아름다운 동행

- 여기는 캄보디아입니다

추석연휴를 반납하고 캄보디아 의료선교를 다녀왔다. 3일 동안 6백여 명의 진료와 치료. 이·미용을 시키고, 기드온에서 1천 권의 성경을 나눠줬다. 티 없이 맑은 어린이 3백여 명에게 꿈과 희망을 심어주었다. 주님의 인도하심 따라 행복하게 행사를 마치고 돌아오는 발걸음이 새털처럼 가벼웠다. 나누는 기쁨은 나눌수록 더 커지기 때문에 중독성이 있다. 육체적 피로는 잠시요, 정신적 행복감은 영원하기 때문일 테다.

그들은 가난하고 비위생적인 삶을 살면서도 행복지수가 우리 보다 높았다. 그 바탕에는 때 묻지 않은 사랑과 현실에 만족하는 여유 그리고 과욕을 부리지 않는 순박함이 자리하고 있었다. 행복은 소유에 비례하지 않다는 걸 미소로 보여주고 있다. 아이들의 머리에 이가 공생하지만 두려워하지 않고, 서로 잡아주고 순수한 사랑을 나누는 모습에서 행복의 시작을 발견했다. 우리에게 뒤돌아볼 기회를 주신 위대하신 하나님의 인도하심에 절로 머리가 숙여졌다. 우리는 한마음으로 기도했다.

'주여! 모든 게 열악한 환경에서 살아가는 이들에게 우리가 전하는 작은 손길이 이곳 사람들에게 희망이요, 사랑이요, 축복이 되길 소망합니다. 티 없이 맑고 순진무구한 이들에게 하나님의 축복이 임하시길 원합니다. 저희들은 잠시 머물다 떠나지만 주님께서 주관하시는 사랑은 이들의 가슴속에 오래도록 남아 나비효과로 이어져 캄보디아 사람들도 하나님의 말씀에 갈급한 자들 되게 축복 주실 줄 믿습니다.'

후덥지근한 무더위를 이겨내고 한 분이라도 더 사랑을 전하려고 섬김을 다하는 우리 팀원들의 눈물겨운 헌신에 서로가 스스로 감동에 젖었다. 아름다운 동행이 꽃으로 피는 순간이었다. 외과, 내과, 소아과, 통증의학과, 치과, 약제과, 이·미용팀, 어린이 사역팀, 기드온까지 우리는 하나가 되어 신명나게 정을 쌓아갔다. 선진 의료혜택을 받아본 적이 없는 마을 사람들이 매일 우리보다 먼저 몰려와 대기하고 있다. 티 없이 맑은 눈망울에서 묻어나오는 가녀린 미소가 애처로워 보이지만, 그들은 원망하거나 시기 질투심이 없는 순박함 그 자체였다. 애처롭게 바라보는 우리의 마음이 문제였다. 하루가 다르게 변화하는 삶을 위해 바쁘게 매달리는 우리에 비해, 그들은 현실을 있는 그대로 받아들이는 소박한 삶에서 행복을 키워갔다. 하지만 지금은 우리가 가지고 있는 만큼 되돌려주는 시간이다. 변화는 언제나 신선함을 안겨주듯이, 그들이 기쁘게 받아들이는 마음이 고맙기 그지없다. 나누는 자와 받는 자가 서로 주고받는 사랑은 소박했지만, 돌아오는 행복은 가슴에 담을 수 없도록 넘치게 울렁거렸다.

맑은 하늘이 순식간에 어두워졌다. 어둠이 비를 몰고 지나갔다. 열대지방에서 꼭 있어야 할 은혜의 비다. 자연이 안겨준 최고의 선물, 스콜은 더위를 식혀주기도 하지만 식물에게 수분을 공급하는 소중한 생명수다. 어둠이 지나가는 길을 따라 맑은 햇살이 내렸다. 생기를 되찾은 나무들이 바람을 일으키고 있다. 천진난만한 어린이들의 청아한 웃음소리가 바람의 등을 타고 밀려왔다. 자연의 새소리가 어찌 이보다 아름다울 수 있을까? 흙과 더불어 사는 아이들이 청년단원들과 어우러져, 하나가 되는 세상을 만들어가는, 야외공연장에서 들리는 소리였다. 남녀노소 할 것 없이 우리는 모두 축제를 펼쳤다.

한마음으로 이끄시는 하늘의 인도하심에 놀라울 뿐이다. 그중에 단연 으뜸은 어린이 사역이 아닌가 싶다. 사랑과 열정으로 매일

150여 명의 어린이들에게 희망을 전하는 우리 청년들의 귀여운 모습은 꽃보다 아름다웠다.

이토록 즐거운 마음으로 행복한 시간을 보내도록 허락하신 하나님께 감사드립니다. 우리 모두의 승리가 되도록 끝까지 기도로 동참해주신 모든 성도님들께 감사드립니다. 행복은 하나님이 우리에게 주신 큰 축복입니다. 우리 모두 행복합시다. 하루하루 감사하는 마음으로 행복지수를 높여갑시다. 우리 서로 사랑합시다. 하루하루 섬기는 마음으로 은혜지수를 높여갑시다.

아름다운 동행에 동참하시면 더 큰 행복의 맛을 느끼게 될 것입니다. 섬김이 곧 은혜이기 때문입니다.

(2015)

연근 파는 노인

추석 연휴가 시작됐다. 어렵던 경제가 풀려간다고 언론보도는 앞서가지만 실물경기는 썰렁한 늦가을 찬바람같이 차갑기만 하다. 시장 상인들은 대목장이 서질 않는다고 안타까워한다. 어려움을 극복하려는 그들의 눈빛은 보름달빛으로 밝다. 늘어진 가지를 담장에 기댄 채 주황빛으로 익어가는 감처럼 이 가을에 서민경기도 풍성하게 풀렸으면 얼마나 좋을까?

명절이 다가오면 우리 전통 재래시장은 사람들로 북적거린다. 정찰제로 판매되는 백화점이나 대형마트보다 밀고 당기는 스릴이 있어 토속적이고 덤으로 얹어주는 정감이 있어 더 친숙한지도 모른다. 재래시장은 돈보다 정이 우선이다. 눈치봐가며 적당히 애교를 부리면 사는 양보다 두세 번 덤으로 주는 양이 더 많아 횡재를 얻기도 한다. 하나하나 맛을 보며 직접 고르는 재미도 있고 가벼운 주머니 사정에 비해 넉넉함을 얻는 기쁨도 있어 좋다. 나는 아내와 함께 재래시장에 장보러 가길 좋아한다. 시골에서 태어나 유년기를 보내면서 5일장에 길들여졌다고 해야 할까? 정겹고 단내나는 삶의 현장을 보기만 해도 도심에 갇힌 답답한 마음이 쉬 풀리기도 하여 시장가기를 즐긴다.

내가 사는 연희동에서 경동시장까지는 30여 분이 걸린다. 우리는 교통이 한적한 아침시간을 이용한다. 처음엔 아내를 돕는 차원이었지만 지금은 서로가 즐거워서 찾는다. 노점과 가게를 고루 다니며 식재료를 사다보면 꽤 무거운 짐이 생긴다. 그때마다 아내의 힘듦을 체험하는 기회가 되기도 하고 그런 나의 마음을 미리 알아차린 아내는 가을바람에 춤추는 코스모스 보다 더 가벼운 발걸음으로 즐거워한다.

짧은 시간이지만 물건을 고르면서 서로의 생각을 함께 공유하는 여유도 부리고 혹 마음에 없는 물건을 고른다 해도 좋다는 눈빛을 보내면 속는 줄도 모르고 흐뭇해하는 아내의 모습이 야생화처럼 순수해 신혼 시절로 돌아가는 희열을 느끼게 되어 감동적이다. 복잡한 길을 걷다가 서로 부딪치면 불쾌감을 표하기도 하지만 재래시장 내에선 서로 뒤엉켜 부딪혀도 웃는 눈빛으로 여유롭다.

삭막한 21세기와 후덕한 19세기가 공존하는 특유의 공간이 재래시장이다. 그렇다고 좋은 점만 있는 것은 아니지만, 조금 불편해도 서로 주고받는 정겨운 마음이 있어 즐겁고, 춥고 배고팠던 시절을 돌이키며 냉정화된 내 삶의 편련들을 털어내는 포근한 고향 텃밭 같기도 해서 좋다.

시장에 가면 어머니와 아내가 즐겨 먹는 연근과 우엉을 파는 노인이 있다. 나는 그곳에서 이유 없이 발걸음을 멈춘다. 상점들이 밀집한 시장골목사거리 노점에서 한평생을 지내온 노인은 숭숭 뚫린 연근처럼 마음에 욕심이 없는 분이다.

비가 오나 눈이 오나 한 평쯤 되는 공간에 앉아 연근을 깎고 있는 노인의 모습은 평화롭기 그지없다. 한 폭의 행위예술작품이다. 누더기가 된 앞치마를 두르고 날렵하게 연뿌리를 깎는 솜씨는 지나는 사람들을 홀리게 하는 무언의 연극이다. 굳은살이 박인 손은 연근을 깎고, 입은 손님과 흥정을 하고, 눈은 또 다른 손님을 찾아 눈웃음치는 모습은 군더더기 없는 삶의 표상으로 보인다.

갸름한 얼굴에 선한 눈매, 유순한 말투까지 장사하는 사람으로 보이지 않지만 한시도 쉬지 않고 부지런히 움직이는 모습을 보면 10년 전 아름다운 세상으로 하얀 나비처럼 사뿐히 날아가신 내 아버지의 모습이 떠올라 눈시울이 젖기도 한다. 어렵게만 살다가 우리 곁을 떠나가신 아버지의 주름진 손등이 보인다. 유난히 바지런하고 손재주가 좋아 동네에서 뽑혀 다녔던 아버지의 뒷모습이 환영으로 걸어 나올 때마다 가슴이 메어지는 아픔을 느낀다. 노인 앞에 서면 아버지를 뵐 수 있어 자꾸 찾고 싶은 마음이 생기는가 보다.

시장 입구에 들어서니 진열대마다 화려하고 풍성하다. 대목준비를 마친 상인들의 몸놀림도 분주하다. 사방을 구경하며 걷는데 오늘은 나보다 노인이 먼저 눈웃음을 짓는다. 5천원어치 사는 게 고작이지만 좋은 걸 골라보라고 배려를 한다. '알아서 주세요' 하면 될 것을 눈치 없는 아내는 고르고 또 골라 나를 민망하게 하지만 그런 아내의 절약심이 밉지만은 않은 걸 보면 나의 욕심도 아내와 같다는 생각이 든다.

"죄송해요, 알아서 주시지 그랬어요."

"괜찮아요, 어차피 내 것이 아닌 걸요. 인연 따라 주인 찾아 가는 거지요."

보름달빛처럼 넉넉한 노인의 얼굴에 구릿빛 미소가 번지더니 말을 잇는다.

"내 삶도 내 맘대로 못하는데 어찌 세상이 날 따라오게 하겠소. 내가 세상 따라 사는 게 편하고 옳은 일이지요."

부끄러운 마음에 눈인사만 건네고 자리를 떴다. 내가 떠난 자리에는 밀물처럼 손님들이 몰려들었다. (2009)

상처를 보며

상처 없는 삶은 얼마나 무의미할까? 일생을 살아가며 문득 하루 한시라도 생각 없이 지낼 수 있으면 좋겠다는 상상을 해본다. 우리의 일상은 방황으로 시작해서 방황으로 생을 마감한다 해도 과언이 아닐 듯싶다.

태어나면서부터 본인 의지와는 상관없이 부모와 사회로부터 조련을 받으며 살아야 한다. 각자 나름대로 목표와 비전을 갖고 험난한 여정을 스스로 터득하며 성장하게 된다. 어찌 보면 참 슬픈 출발이다. 그 과정을 뒤돌아보면 기쁨보다는 아픔이, 성공보다는 실패가 차지하는 비율이 큰 게 사실이다.

잠자는 시간을 제외하고는 무엇을 어떻게 해야 할지 찾고 판단하고 실행하는 고민 속에서 산다. 때론 절망으로 추락하는 좌절의 위기를 맞기도 하고, 그 어려움을 재기의 발판으로 삼아 성공하기도 한다. 밟히고 채여도 꿋꿋하게 꽃대를 올려 꽃을 피우고 홀씨를 날려 보내는 민들레보다도 질긴 게 인생이다.

32도를 웃도는 무더운 날씨다. 정오를 넘긴 시간, 아스팔트의 열기가 뿜어져 오른다. 사무실 창을 앞뒤로 열고 있어도 바람 한 점 없다. 본격적인 무더위의 시작이다. 해마다 찾아오는 더위지만 올해는 시작부터 심상치가 않아 보인다. 그렇다고 초반부터 질 수는 없는 일이다.

예비전력 부족분을 메우는데 일조라도 할 심사로 바짓가랑이를 무릎 위까지 걷어 올리고 응대를 해본다. 본능적인 도전이다. 하얀 속살을 드러낸 양 무릎에 상처의 흔적들이 보인다. 족자를 펼치듯 지내온 시간들이 주마등으로 열린다. 나를 일으켜 세운 소중한 성장의 증표들이다.

로맹 롤랑의 글이 떠오른다.

"자신을 극복하려면 자신과 싸워야 한다. 상처야말로 삶이 내게 준 가장 귀한 것, 왜냐하면 그 하나하나가 한걸음 한 걸음 앞으로 나간 흔적이기 때문에…."

그렇다. 무릎의 상처는 걸음마를 시작할 때부터 난 것이다. 처음 땅을 밟고 걸으면서부터 나를 일으켜 세운 영광의 지팡이인 셈이다. 끝없는 방황 속에 시행착오를 겪으면서 새겨진 결과물이다.

어찌 외상(外傷) 뿐이겠는가! 내면의 흔적을 헤아려 본다. 지금은 작은 흔적으로 남아있지만 아슬아슬하게 죽음의 위기를 넘긴 순간들도 있었다. 초등학교 3학년 여름 저수지에서 수영을 하다 힘에 부쳐 허우적대다 익사직전 구해졌을 때 얻은 마음의 상처, 중1 통학길에 자전거를 타고 달리다가 뒤에서 달려온 버스의 경적에 놀라 넘어져 바퀴에 깔리기 직전 살아나면서 얻은 상처, 현장에서 인부들을 구하기 위해 무너져 내리는 빔을 부둥켜안고 쓰러져 얻은 다리 절단의 위기, 이 모두가 본능적으로 대처한 것들이다. 헤아릴수록 아찔한 순간들이 장대비처럼 쏟아져 내린다.

마음의 상처는 얼마나 많은지 헤아릴 수 없다. 돌이켜 보면 예나 지금이나 허둥지둥 방황하며 사는 것이 나의 전부인지도 모른다. 어찌 보면 나를 일으켜 세운 소중한 흔적들이다. 상처는 치유된다. 겉으로 훈장처럼 새겨진 외상이든 드러나지 않은 마음의 상처든 사람마다 시간과 과정이 다를 뿐이다. 누구나 본능적 치유 능력이 있기 때문이다.

오늘도 길을 나선다. 방황의 길이다. 구슬을 꿰듯 맞춰 사는 삶은 피곤함을 가중시킬 뿐 흥미롭지 않다. 그 길이 어떻게 진행될지는 예측할 수 없지만 설령 원하는 길이 아니어도 걸어야한다. 내가 살아있는 한 머물지 않고 떠나야한다. 방황을 통해 얻어지는 아픔들이 또 다른 길을 안내하는 길라잡이가 된다는 사실을 알기에 실망하지는 않는다.

매일매일 새롭게 시작되는 일상을 통해 겪는 상처들을 아우르고 사랑하는 것이 나 자신을 지키는 일이기 때문이다.

(2013)

열두 번째 선수

매일 신기록을 갱신하는 폭염이 지속된다. 낮에는 그런대로 견뎌내지만 열대야는 참기가 쉽지 않다. 밤새 뒤척이다 잠을 설치고 나면 온몸이 나른하기도 하고 의욕마저 떨어지기 일쑤다. 그런 날이 열흘 이상 계속됐으니 몸도 마음도 지치기는 매한가지다. 그나마 런던올림픽 기간이어서 우리 선수들이 펼치는 명승부들을 지켜보며 아쉬워하기도, 때론 선수들보다 더 흥분하기도 하면서 불면의 밤을 지겹지 않게 보냈다. 답답한 여름밤을 맞아 의외로 올림픽이 효자노릇을 한 셈이다.

하루하루 기온이 갱신되고, 전기 사용량이 예상을 넘어 예비전력이 부족한 상태까지 이르렀다. 냉방기 가동 자제를 호소하는 한전의 움직임이 분주하다. 그렇다고 더위를 이길 방법이 딱히 없어

효과를 기대하기란 쉽지 않을 성싶다. 폭우, 폭염 등 세계가 이상 징후들로 이미 몸살이 시작됐다. 우리나라도 예외는 아니다. 열대성 기후로 점차 바뀌고 있음을 실감한다.

에어컨 바람을 싫어하는 나 같은 사람은 폭염과 맞서는 것이 고작 냉수로 샤워하는 일밖에 딱히 대처 방법이 없다. 물을 끼얹고 기껏 닦고 나면 줄땀이 온몸을 적시니 불쾌지수가 높을 수밖에…. 고통의 시간들을 이겨내야 할 순간마다 우리 선수들이 짜릿한 승전보로 속 시원한 바람을 일으켜 주었으니 그 또한 행복이다. 흥에 겨워 경기를 지켜보는 사람마다 만능선수가 된다. 경기장마다 채널을 돌려가며 응원은 물론 정제되지 않은 감정으로 코치 감독의 목소리보다 더 강력한 메시지를 전하느라 안달이다. 모두가 국가대표 선수요, 애국자다.

금메달을 놓고 겨루는 결승전이 벌어지면 더위 따윈 안중에도 없어진다. 앞집, 뒷집, 옆집, 윗집, 아랫집 할 것 없이 하나 되는 축제다. 국민통합이 저절로 이루어진다. 인위적인 통합은 부작용을 일으키기 쉽다. 모든 사람들이 공감할 수 있는 신명나는 기쁨을 만들어내면 저절로 하나가 된다. 그걸 모르고 입으로 떠들어대는 위정자들을 보면 안타깝기 그지없다.

이번 올림픽에서 우리 선수들이 마음껏 기량을 발휘해 기쁨을 주었지만 클라이맥스는 축구경기였다. 사상 유례없이 자력으로 올림픽 8강에 진출하는 기염을 토하더니 홈그라운드 이점을 살린 영국을 승부차기로 이겼다. 심판의 불리한 판정을 이겨가며 온몸으로 혈투를 벌인 선수들 못지않게 국민 모두가 열두 번째 선수가 되어 뛰었기에 가능한 일이다. 동메달을 놓고 일본과 치른 경기는 가히 환상적이었다. 일본은 11명의 선수가 뛰었지만 우리는 6천만 국민이 함께 뛰어 일궈낸 값진 동메달이다.

우리의 승리에 위축을 느낀 것일까? 속 좁은 일본은 독도를 갖고 막말을 쏟아내고 있다. 관중이 넘겨준 '독도는 우리 땅' 표어를 들고 그라운드를 돌던 K선수를 제소해 시상식장에서 제외시키는 치사한 행동까지 서슴지 않았다. 욱일승천기를 선수복 무늬로 사용한 그들의 저의는 무엇일까? 패권주의로 회기를 국제사회에 드러낸 꼼수가 아닌지. 그런 이중성을 가진 일본인과 상호방위협력 체결 운운한 위정자들은 국가관이 있는지 의심치 않을 수 없다. 단결된 우리의 모습에 질려 광기를 부린다면 더 늦기 전에 국제사회에 사과하고 용서를 빌어야 마땅할 일이다. 일본은 국제사법재판소에 독도를 제소할게 아니라 그들의 죄과를 스스로 낱낱이 고할 일이다. 사촌이 논을 사면 배가 아프다는 우리 속담처럼 잘 나가는 대한민국을 그들이 폄하하는 데는 과거사의 반성이 제대로 이뤄지지 않았기 때문이다.

올림픽을 통해 일치된 우리의 모습에 놀라 제정신을 잃은 일본은 각성하기 바란다. 지진피해로 실의에 빠졌을 때 헌신적으로 도와준 나라가 어디며, 당신들이 저지른 만행을 가슴으로 삭이는 나라가 어디인지 꼼꼼히 살펴보고, 더 이상 상처 주지 않길 바란다. 그들에게 가깝고도 먼 나라의 수치스런 꼬리표를 스스로 떼어주길 바라는 것은 무리일까?

이런 때일수록 저들의 술수에 말려들지 않아야 한다. 올림픽에서 보여준 일치단결된 모습처럼 우리의 힘을 하나로 모아야 할 때다. 천 마디 말로 하는 응수보다 지금은 행동으로 보여줄 때다. 더위를 이겨내고 예비전력 부족을 잘 극복하는데 일조한 올림픽경기처럼 안정된 대한민국을 위해 기쁨으로 하나 되는 힘을 키우는데 한마음으로 흥을 찾아 나설 때다. 우리의 흥이 부활의 꽃으로 피는 그날까지….

고독을 넘어 희망을 찾는 삶

- 수필가 오기환 선생 희수기념집에 부쳐

"할아비는 죽어도 아주 죽는 게 아니란다. 세상에 널 남겨 놓는 한, 할아비는 네 속에 살아 있는 거란다. 너는 이 할아비를 볼 수도 만질 수도 없겠지. 하지만 할아비는 언제까지나 너와 함께 앞으로 앞으로 걸어가는 거란다. 네가 지칠까봐 네가 쓰러질까 봐 네가 가던 길 멈추고 돌아설까 봐 마음 졸이면서 너와 동행하는 거란다. 영원히 영원히…."

어쩜 「가시고기」의 부성애보다 더 깊은 사랑을 나누는 오기환 선생님의 손자 사랑은 남다르다. 사랑을 넘어 집착이다. 집착은 때론 사람을 피곤하게 하기도 한다. 하지만 본인은 정작 집착인 줄 모르고 올인을 한다. 손자 손녀만을 위해 스스로 고행의 삶을 살고 있는 모습이 아름다움을 넘어 측은하게 느껴지는 건 보통사람들이 할 수 없는 길을 가고 있기 때문이다. 퍼내고 퍼내어도 줄지 않는 샘물처럼 그의 가슴은 베풂과 사랑의 열기로 가득 끓고 있다.

그대 옆에만 서면 위로는커녕 위로받아야할 지경에 이르기 일쑤다. 나는 그 삶이 결코 옳은 삶이라 보지 않는다. 자신을 희생하는 가혹한 삶이기 때문이다. 그래도 선생님은 그 길이 자신이 짊어져야할 멍에로 알고 7월 소 밭갈이하듯 묵묵히 걷는다. 때론 넘어지고 상처를 입어도 내색하지 않고 속으로 삭히는 시간들이 외로움으로 굳어졌는지도 모른다. 스스로 외로움을 찾는 삶을 살아가지만 선생님이 추구하는 외로움 속에는 희망이 가득 담겨 있다. 누구도 쉽게 흉내낼 수 없는 고독한 삶을 통해 가슴에 담은 꿈을 이뤄가는 열정에 큰 박수를 보내고 싶다.

희망이 꽃으로 피는 그날까지 건강한 삶을 위해 기도합니다. 그것이 지근거리에서 선생님을 지켜보는 저의 소망이기도 합니다.

(2014)

우리는 돈의 노예가 아니다

올여름은 기상관측 사상 가장 더웠다. 136년 만에 찾아온 무더위에 속수무책으로 당해야 했다. 지구 온난화가 원인이라 하지만 인간의 무분별한 개발이 그 한 몫을 차지하는데 일조를 한 것은 부인할 수 없는 현실이다. 그 끝이 보이는데도 멈출 줄 모르고 질주하는 현실을 어떻게 바라봐야 할지….

나는 에어컨 바람을 싫어하는 체질이라 줄 땀을 흘리면서 참아왔지만, 폭염에 항복하고 말았다. 늦더위는 가족들의 원성을 사기에 충분했고, 이기적인 나의 사심은 백기를 들고 말았다. 돌이켜보면 어리석은 이기심이 부른 채찍이라 표현해도 손색없는 완패다. 늦깎이로 들여온 에어컨 바람의 주인은 가족보다 나였다. 이율배반적인 나의 행동을 보고 식구들은 얼마나 배꼽을 잡았을까 생각하니 죄 아닌 죄를 지은 것처럼 쑥스럽기 그지없다.

남편이 집에서 사랑받기 위해선 세 마리 소를 길러야 한다는 말이 떠올랐다. 부인의 말에 '옳소, 맞소, 알았소.' 우스갯소리지만 가슴 아픈 말이다. 인정하고 싶지 않던 나도 이젠 더 이상 빠져나갈 길을 잃은 셈이다. 더위가 안겨준 선물로 받아들이고 나니 한결 가볍고 홀가분하다.

나에게 특별한 선물로 찾아온 폭염이 밉지 않았다. 떠나갈 이별의 순간이 아쉬움으로 다가왔다. 나에게 아쉬움은 또 다른 출발점이 된다. 한두 해가 아니지만 아쉬움은 단골로 내 곁을 떠나지 못하고 겨우살이처럼 질기게 붙어 다닌다. 폭염이 뭐가 아쉽다고 가는 무더위에 미련이 남았는지 싱가포르까지 쫓아왔다. 고놈의 호기심 때문에 적도에 가까운 여기까지 밤하늘의 별빛을 헤아리며 지금도 가고 있다. 아마도 생이 다하는 순간까지 미련은 나와 함께 갈 모양이다.

싱가포르의 밤을 뒤로하고 인도네시아 바탐에서 맞는 새벽은 고요와 청명 그 자체다. 어둠이 분주하게 떠나갈 채비를 하는 새벽녘, 닭 우는 소리가 정겨워 뛰쳐나가고 싶은 호기심이 발동했다. 어느새 손에는 덩그러니 구닥다리 캐논 카메라가 쥐어져 있다. 출발의 신호다. 어디까지 가야 끝이 보일지 모를 나의 호기심은 인류가 끝을 향해 질주하고 있는 현실과 다를 바 없는 아이러니를 낳고 있다.

여행은 언제나 새로운 세계를 향한 꿈을 안겨준다. 밤샌 진통으로 뽀얗게 올린 꽃망울처럼 설렘으로 다가온다. 항상 기대 이상으로 펼쳐지지는 않지만 매 순간마다 각본 없는 연출을 해야 하는 고행의 길이기도 하다. 선진국일수록 여행을 위해 돈을 번다는 사람들이 많다. 각박한 현실을 탈피하여 새로운 에너지를 충전하는 기회로 삼기 때문이다. 여행은 애국자를 양성하는 길이기도 하다. 보고 듣는 과정을 통해 스스로 춥고 배고팠던 지난 시절을 돌아보게 하는 추억을 떠올리기 때문이다. 그 순간 조국의 힘을 체험하게 되고, 자긍심의 발동은 스스로 애국자가 되는 길을 고민하게 된다.

마사지는 여행자들의 지친 피로를 풀어주는 한국 사람들이 좋아하는 코스다. 중국·동남아 여행에서 인기가 높다. 달라진 환경과 빡빡한 일정을 소화하면서 쌓인 피로를 풀어내 다음 일정을 소화하는데 도움을 주기도 한다. 마음 편하게 쉬면서 명상을 즐기는 시간이기도 하다. 열린 공간이기에 서로에게 피해를 주는 행위는 스스로 자제해야 한다.

인도네시아 바탐에서 겪은 일이다. 바탐섬은 싱가포르에서 가까운 휴양지다. 순박한 현지인 마사지사들의 눈망울은 새벽안개를 펴 올린 호수보다 해맑아 보인다. 조용한 실내에 한국인 아주머니

단체관광객이 들어왔다. 조용하던 실내는 박장대소로 재래시장을 방불케 하는 소란이 일었다. 서비스를 받는 동안 쉬지 않고 떠들어대는 그들의 대화는 저속하기 그지없이 낯 뜨거운 상황으로 이어졌다. 다 열거할 순 없지만 '방귀를 뀌어도 되느냐'고 깔깔대며 통성으로 던진 이기적인 질문에 당황한 마사지사의 안면 근육은 놀란 기색으로 굳어졌다.

중국 여행객들은 돈은 잘 쓰지만 대부분 어디서나 환영받지 못한다. 분별없이 시끄럽고 기본적 여행 예절마저 지키지 않기 때문이다. 이런 상황이라면 우리도 그들과 다를 바가 없어 보이지 않는가? 낯 뜨거운 상황을 뒤로하고 나는 층을 옮겨 서비스를 받았지만, "우리는 돈의 노예가 아니다"라고 중얼거리는 마사지사의 눈빛을 잊을 수가 없다. 비록 팁으로 열심히 살아가는 사람들이지만 그들에게도 인격이 있음을 잊어서는 안 될 일이다. 가난 때문에 순박한 인격을 무시당하는 일은 없어야 하지 않을까? 차별 없는 세상은 우리 모두가 꿈꿔야할 가치이기 때문이다.

여행자들의 일거수일투족은 국가의 이미지와 일치한다. 가끔은 국가의 위상을 떨어뜨리는 행위로 눈살을 찌푸리게 하는 사람들도 있지만, 그들은 여행의 가치를 느끼지 못한 아주 극소수에 불과하다. 극소수의 분별없는 행동이 어렵게 성장한 조국의 위상을 깎아내리는 우를 범하기도 한다. 국가의 위상은 쉽게 높여지지 않는다.

천 계단을 단숨에 오르는 것보다 힘들고 어렵다고 해도 과언이 아니다.

"행복에서 불행의 거리는 고작 한 발짝 밖에 안 되지만 불행에서 행복의 거리는 매우 먼 거리다."라는 유대인의 격언이 스쳐지나간다. 높아진 국가의 위상이 추락까진 한 순간이지만, 다시 제자리로 위상을 높이려면 오랜 시간과 피나는 고통이 따른다. 스스로 퇴보의 길을 선택하는 이기적인 행동거지는 삼가야 하지 않을까 싶다.

세계적으로 한류 열풍이 일어나고 있다. 동남아에선 한국의 드라마를 실시간으로 시청하기도 한다. 가치를 따질 수 없는 국력이다. 이기적인 나의 사심이 무더위 앞에 백기를 든 것처럼 그들에게 무심결에 던진 이기적인 언행이 곧 국가의 이미지 추락으로 연결되지 않길 조심스럽게 바라본다.

(2016)

4.

하얀 음악회

산촌마을

줄 서기와 줄 세우기

밤새 내리던 장맛비가 저만큼 물러갔다.

천지가 새롭다. 새벽 가로수 잎들의 생기 넘치는 눈빛이 분주하다. 한결 가벼워진 몸으로 비에 대한 고마움을 이야기하는 잎들의 함성이 깃발로 펄럭이고 있다.

새벽잠을 설치고 부지런을 떨며 길을 나선 나도 덩달아 설렜다. 잎들의 움직임은 정갈하고 질서가 있었다. 자유로운 몸짓에도 서로가 서로를 아우르는 정이 넘쳐 보였다

J구청에 도착한 시간이 6시 전인데 이미 줄이 길다. 여권 만기일이 도래하여 갱신 차 들른 길이었다. 남녀노소 할 것 없이 늘어선 줄 끝에 나도 몸을 세웠다. 밭갈이 나가기 전 도구를 준비하는 주인을 바라보는 황소의 순한 눈처럼 줄을 선 사람들은 말없이 서

로를 바라볼 뿐이다. 2시간이 지나도록 안내하는 담당 공무원들은 보이지 않았다 민원인들만 천태만상으로 질서를 유지하고 있었다. 놀라웠다. 선진국 진입이 눈앞에 있다고 떠드는 위정자들의 위선이 현실로 드러나 보였다. 다행히 나는 매스컴을 통해 언질을 받아 일찍 도착했지만 이토록 심각한 상황인 줄은 상상도 하지 못했다. 이곳에서도 재수, 삼수를 하는 사람이 있어 그들에 의해 겨우 정보가 알려지고 있었다. 시간이 지날수록 겉으론 평온했지만 속내는 폭발 직전의 뜨거운 분노의 감자를 담고 있는 듯 살벌한 분위기로 흘렀다. 어디 그뿐이던가 줄 서주기 알바를 하는 사람도 있었다. 70노객에서 20대 젊은이들이 돈벌이로 줄을 대신 서 주는 신종 알바 수단이 되기도 했다. 시간당 1만원이면 알바치곤 고액인 셈이다. 분명히 반칙이지만 자본주의 사회에서 황금의 위력은 어쩔 수 없는 현실로 받아들여지고 있었다.

제집 드나들듯 단골로 다니는 사람들 입에서 한정된 번호표 배급이 8시 40분부터 시작된다고 한다. 시간이 지날수록 파도처럼 밀려드는 사람들. 4층 복도에서 1층 현관 밖까지 두 줄로 늘어선 사람들. 벽에 기대 곤한 잠에 취한 사람, 맨바닥에 덥석 주저앉은 사람, 신문을 보는 사람, 책을 보는 사람, 간식을 먹는 사람, 돈벌이로 줄을 서는 알바생들의 불안해 하는 눈빛, 천태만상의 모습들이 우리를 슬프게 한다. 후덥지근한 날씨에 줄땀을 흘리며 기다리는 시민의 모습은 보도블록 사이에 내몰린 민들레꽃처럼 초라하지만 아름답고 야무진 모습으로 질서를 지키고 있다. 이런 우리의 모습들을 담당 공직자들은 파악하고 있을 텐데 무대책으로 임하는 배짱이 우리를 더욱 슬프게 한다. 우리는 역사의 수레바퀴 속에서도 언제나 착하고 순한 민족성을 보여 왔다. 시대의 흐름에 부응하여 자기 목소리를 내기도 하지만 전체의 흐름을 바꾸는 변화에는 민감하지 못한 게 현실이다. 현실 안주는 누리는 자들에게는 최상의 조건일 수 있지만 그 반대의 사람들에겐 불만으로 작용하는 덫이 될 수 있다는 사실을 인지했으면 좋겠다는 생각이 든다.

특정지역 아파트 분양에 전날부처 밤샘치고 번호표를 기다리는 행렬과 80년대 명절 귀향길에 표를 구하러 서울역 광장에서 밤을 새던 풍경들이 스쳐 지나갔다. 표를 구하면 다행이고 구하지 못한다 해도 추억쯤으로 생각하고 허탈하게 자리를 뜨던 모습들이 우리의 일상으로 굳어졌는지도 모른다. 이런 모습을 현실에서 볼 수 있으니 IT강국이란 외침이 볼멘소리로만 들렸다. 민원처리 공무원이 부족하면 타 부서에서 지원받으면 될 일이고, 퇴근시간까지 접수받고 처리하면 될 텐데 한정된 인원만 선착순으로 혜택을 받아야 하고 나머지 사람들은 되돌아 가야하는 현실이 안타깝고 슬픈 일이다. 다음 날 또 그 다음날도 오늘처럼 남보다 먼저 경쟁의 줄서기는 계속될 터인데….

재수생이 되면 행동이 민첩해지고 바빠지듯이 그렇게 움직여야 원하는 혜택을 받을 수 있는 경쟁으로 몰입되는 우리 사회가 슬프지 않다고 보는 사람이 어디 있겠는가? 21세기 우리 사회의 슬픈 이야기가 아닐 수 없다. 발급관청(외무부)의 업무처리 때문에 한정하여 받을 수밖에 없다는 공무원의 설명에 어안이 벙벙했다 가슴에서 치밀어 오르는 화를 꾹꾹 참느라 침이 마르도록 혀를 깨물어야 했다. 네 탓 내 탓을 무기로 순간을 모면하려는 간계한 술수로 들렸다.

우리가 세계화를 부르짖었던 게 언제 일인가? 외무부는 그동안 무엇을 준비했단 말인가? 분통이 터질 일이다. 외무부 여권 발급 장비가 모자라 한정 접수한다는 행정 편의주의적인 담당공무원의 말에 혀를 내두를 수밖에 도리가 없었다. 수해를 당한 이재민들이나 전쟁 난민들처럼 최하위 대접을 받아야 하는 우리의 모습이 부끄러울 뿐이다.

국가와 국민에게 봉사하는 자세는 어디가고 국민 위에 군림하는 공직사회를 힐난하는 60중반 노신사의 항변에 침묵은 깨졌다. 여기저기서 준비 없는 행정, 말뿐인 행정은 벌써 개선되었어야 했다는 불평의 소리가 웅성거렸다.

줄 서기는 자율이고 줄 세우기는 타율이다. 보다 자율적인 행정서비스로 민원인을 감동시키는 변화가 일어났으면 한다. 감사는 주어진 조건이 아니라 어느 곳에서든 캐낼 수 있는 만들어지는 해석이다. 마음 따뜻한 선물이다. 어느 때 어느 곳에서든 감사를 캐내면 감사가 되고, 불편을 캐내면 불평이 나온다.

가로수 잎처럼 사람들은 정갈하고 질서가 있는데 빗물처럼 시원히 씻어줄 행정 서비스는 언제쯤 따라오려나? 달리는 기차에서 뒤를 바라보는 두 줄기 철길처럼 멀리 보이는 행정 서비스가 안타깝다.

서로가 서로를 아우르는 정이 넘치는 세상을 그려 본다.

(2006)

우리 시대의 풍경

추위를 이겨낸 버들가지에 연둣빛으로 봄이 열리고 있다. 겹겹으로 동여맨 창을 열고 여린 눈으로 싱그러운 햇살을 주워 담는 가지마다 바르르 떠는 설렘으로 가득하다. 한강의 봄은 버들가지 설렘으로 찾아온다.

봄기운이 사람들 가슴에도 파고들었다. 경제 한파로 겨우내 주춤했던 행사들이 언 땅을 비집고 솟아오른 봄나물처럼 사방에서 날아오고 있다. 그중에서 단연 으뜸인 것이 결혼 청첩장이다. 혼인은 인륜지대사라 했듯이 나는 초대받을 때마다 설렌다. 혼주의 마음은 어떠한지 아직 경험하지 못한 나로서는 상상으로 유추할 뿐 감정으로 다가오는 전율은 느끼지 못한다. 지천명을 넘어서니 친구, 동료, 벗들이 보내오는 혼사 안내장이 눈에 띄게 늘었다. 요즘 젊은이들은 결혼생활을 기피하는 경향이 있어 노총각 노처녀를 둔 부모들의 가슴이 봄볕에 그을린 얼굴처럼 심한 마음고생을 한다고 한다. 그런데도 불구하고 적령기에 혼사를 치른 친구, 동료, 벗들을 보면 진심으로 축하와 경의를 보내고 싶다.

사람마다 독특한 향기를 가지고 있다. 결혼은 서로 다른 향기가 어우러져 세상에 둘도 없는 순결한 향기로 새로 태어나는 거룩한 순간이다. 그 순간에 초대 받은 것은 큰 영광이 아닐 수 없다. 애정 어린 마음으로 축복을 빌어주고 불꽃으로 타오를 그들의 미래를 상상하며 기쁨을 얻는 것이다. 축복을 받는 자와 축복을 비는 하객이 서로 하나가 되어 기쁨을 나누고 용기를 얻는 거룩한 예식이 되는 것이다.

> 아마존 인디오들은 아내를 얻기 위해 목숨을 건 결투를 벌인다고 한다. 한 여자를 위해 목숨을 바치는 결투를 끝내고 나면 승자는 여자를 차지하는 영광을 얻게 되고 패자는 그 승자를 위해 깨끗하게 승복하고 피비린내 나는 상처의 몸으로 승자를 축하해준다고 한다. 부족의 모든 사람들이 나와 지켜보고 한마음이 되어 승자를 위한 춤과 의식으로 축제를 벌인다.

이들은 의식이 끝날 때까지 다함께 참여하여 성스러운 축복의 장을 만들어간다고 한다. 오늘날 우리 결혼 예식은 어디를 향해 어디쯤 가고 있는 것일까? 진정한 축하를 외면하고 봉투나 건네주는 형식에 치우쳐 있는 것은 아닌지! 씁쓸한 웃음이 흘러나온다. 무분별한 초대도 문제이거니와 예식은 뒷전이고 신랑신부 얼굴도 모른 채 혼주에게 눈도장 찍고 봉투내고 티켓 받아 피로연장으로 직행하는 우리의 모습을 지구상에서 가장 순수한 인디오들은 어떤 눈으로 바라볼까?

꽃샘추위가 찾아온 삼월의 둘째 토요일이었다. 35동지 K의 장남 결혼식이 용인에서 있었다. 아내와 나는 새벽부터 분주하게 준비했다. 도와주고 싶은 마음에 1시간쯤 일찍 식장에 도착했다. 깔끔하게 준비를 마친 혼주 부부는 색다르게 예쁜 한복을 입고 하객들을 맞이하고 있었다. 독특한 파격이 신선함으로 다가왔다. 축하의 포옹을 하고 기다리는 동안 다른 동지들이 하나 둘 몰려왔다. 어려울 때 함께 생사고락을 했던 군대동지들이라 33년이 지났지만 허물없이 지낸다. 반가운 인사를 나누고 한 무리가 되어 의식 없이 피로연장으로 향했다. 피로연장 모퉁이엔 어느새 우리들의 파티장이 되어 있었다. 미안한 생각이 들었다. 예식은 이미 끝나고 혼주는 폐백을 받는 중이었다.

신랑신부 얼굴을 보지 못해 마음이 걸렸다. 동지들과 함께 현관에서 서성이고 있었다. 차림새가 고운 30대 아주머니가 5살쯤 돼 보이는 딸애의 손을 잡고 엘리베이터를 빠져나오고 있었다.

아이의 눈

아침부터
결혼식장 간다고 호들갑 떨더니
건넨 봉투 대신 표 하나 받아
뷔페식당으로 직행, 만복의 배 내밀고
현관을 나서는데
엄마 손잡고 따라온 아이
엄마!
왜 우린 예식장 안가?

낯 뜨거운 순간이었다. 아이의 눈에 비칠 나의 모습이 부끄러웠다. 더 이상 자리를 지킬 면목이 없어 빠져나왔다. 봄바람이 등을 세차게 밀고 지나갔다. 돌아오는 길에 아내가 말했다.

"저기 노란 꽃 좀 봐요?"

여의도 샛강에 노란 산수유가 만발하고 있었다. 차를 세우고 가까이 다가가 지켜보았다. 꽃은 아름답게 피어 있는데 함께 놀아줄 벌 나비가 보이지 않았다. 작은 꽃술 사이로 단내를 쏟아내는 외로운 몸부림이 애처로웠다. 벌 나비는 어디로 간 것일까? 혼자 중얼거리는데 바람이 볼을 스치고 지나갔다. 산수유 가지엔 예식장의 잔영이 매달리고 있었다. K동지도 우리를 찾고 있을 것만 같아 미안한 생각이 들었다. 코끝이 산수유 열매로 붉어졌다.

철없는 행동을 책망하듯 맑은 하늘에서 빗방울이 떨어졌다.

(2009)

우 정

우정은 하루아침에 만들어지는 게 아닙니다. 오랜 시간 서로의 교감을 통해 공감대가 형성될 때 비로소 가능해집니다. 서로가 서로를 필요로 하는 마음의 증표입니다. 각박한 현대사회를 살아가는 사람들은 정에 메마르기 쉽습니다. 우정을 통해 정서적 불안에서 벗어나고자 합니다.

정은 안식이요, 평화를 주기 때문입니다. 정을 생각하면 누구나 어린 시절을 떠올립니다. 때 묻지 않은 순수한 감정으로 마주쳤던 순간들이 기억으로 쉽게 되살아나기 때문입니다. 우리는 태어나면서부터 본인 의지와는 상관없이 세상을 만났습니다. 어머니의 포근한 가슴을 통해 정이 싹트기 시작했습니다. 사랑하는 가족과 하나가 되고 세상과 눈을 맞추기 시작하면서 성장합니다.

우리의 만남은 모두가 소중한 인연입니다. 자세히 들여다보면 몇십 만분의 일 확률로 조우가 이루어지는 것입니다. 세간도 오래 될수록 정감이 가듯이 만남도 해가 묵을수록 그리움이 깊어집니다. 그렇다고 모든 만남이 다 그런 것은 아니지요. 하루에도 무수히 많은 것들과 만나고 헤어지지만 그 만남이 우정으로 이어지는 건 극히 드문 일입니다.

우정은 서로가 서로를 위해 격의 없이 마음을 터놓는 편안함이 있어야 비로소 싹을 틔웁니다. 서로를 위해 주는 마음이 있어야 참 인연으로 이어집니다. 소중한 인연과 스쳐 지나치는 인연을 구별하는 게 삶의 지혜입니다. 지나치는 인연은 미련 없이 버려야 하지만 소중한 인연은 잘 붙들어야 기쁨을 얻을 수 있습니다. 가끔은 붙들어야 할 인연을 흘려 보내 두고두고 아쉬워하는 일도 있기 때문입니다.

H그룹 J회장의 성공 일화가 그를 뒷받침합니다.

20대 중반 젊은 청년이 낡은 트럭을 끌고 인천에서 서울로 가던 중 고장 난 자동차 옆에 난감한 표정으로 서 있는 서양 여인을 발견하게 됩니다. 대부분 사람들은 무심코 지나칠 상황이지만 그 젊은이는 달랐습니다. 안절부절못하는 여인 앞에 차를 세우고 1시간여 씨름 끝에 고장 난 차는 시동이 걸렸고, 외국인 여인은 감사의 표시로 상당한 돈을 내밀었지만 받지 않았습니다. 괜찮다는 만류에도 그 여인은 연락처를 얻어 돌아갔습니다. 다음날 그 여성은 남편과 함께 찾아왔습니다. 그 남편이 미8군 사령관이었습니다. 돈을 전해주려 하자 그 젊은이는 명분 없는 돈은 받지 않겠다고 거절했습니다. 도와주시려면 명분 있게 도와달라고 했습니다. 사령관이 명분 있게 도와주는 방법을 묻자 나는 운전사입니다. 미8군에서 나오는 폐차를 처리할 수 있는 권리를 달라고 제의했습니다. 고물로 처리하는 폐차를 주는 것은 사령관에게 어려운 부탁도 특혜도 아니었습니다. 그 젊은이는 뜻을 이뤘고, 사령관은 퇴역 후 포드자동차 회사의 중역이 되었습니다. 그분의 초청을 받아 미국에서 자동차 공부까지 하게 되었습니다.

만남이 우정으로 이어져 한진그룹의 모태가 되었다는 일화입니다.

이들의 만남은 우연이 필연으로 바뀐 아름다운 우정입니다. 좋은 인연을 맺는 것은 소중한 우정을 쌓아가는 것입니다. 목표를 두고 행하면 실패로 돌아오는 확률도 높습니다. 순수한 마음으로 접근할 때 뜻하지 않은 행운도 따르게 됩니다.

요즘 나는 새로 만난 우정에 흠뻑 빠져 있습니다. 조우한 지 2년여 되어가지만 묵은 장맛처럼 깊은 우정을 쌓고 있습니다. 한 분은 가까이 계신 수필가 O선생님이고, 또 한 분은 멀리 하와이에 계신 K여류수필가입니다. 두 분 모두 순수한 마음에 끌려 맺어진 인연입니다. 혼자만의 생각일수도 있겠지만 편안하게 정감이 가는 분들입니다. 말하지 않아도 눈빛으로 속내를 전하는 사이라고 말해도 손색없는 분들입니다. 보면 볼수록, 생각하면 생각할수록 오랜 시골 벗처럼 정감이 묻어나서 좋습니다. 삭막한 도심생활에서 이런 벗을 만난다는 것은 행운입니다. 어쩜 H그룹의 영광보다 더 소중한 우정을 쌓고 있다고 여겨집니다.

이전에는 혼자 여행을 하거나 화초 기르기에 투자한 시간이 많았습니다. 여행을 떠나면 잡념에서 벗어나는 일탈의 해방감에 취해 좋고, 화초에 정을 붙일 때면 끈질길 생명력에서 희망을 보기도 합니다. 분마다 전지를 하고 수형을 잡다보면 예상치 않은 모양이 나와 깜짝 놀라는 쾌감을 얻기도 합니다. 그런 나의 일상에 우정이란 테마가 똬리를 튼 것입니다. 지금 그 중심에 O선생님과 K선생님이 있습니다. 조건 없이 좋아 지내는 사이가 필연으로 이어졌으면 하는 바람은 욕심일지 모르지만, 이런 소박한 욕심쯤은 갖고 살고 싶습니다.

인생은 미완성이란 말이 있습니다. 같은 짐을 지고 가는 사람 중에도 무겁게 느끼며 가는 사람과 가볍게 여기고 떠나는 사람은 발걸음부터 다릅니다. 우리는 인생이란 짧은 여정을 향해 함께 걷는 나그네들입니다. 지름길로 가든, 돌아서 가든 어차피 종착역인 미완성의 길을 향해 가는 것입니다. 그 길을 가는 동안 넌지시 웃어줄 길동무가 있다는 것은 큰 행운입니다. 살아가면서 쌓인 번민과 고뇌, 욕심과 이기적 사고들을 훨훨 털어내고 가볍게 갈 수 있는 동무. 당신은 나의 소중한 벗입니다. 목소리를 듣기만 해도 마음이 풍성해지는 말, 참으로 만나는 인연을 소홀히 할 수 없는 이유이기도 합니다.

나는 오늘도 그 행운을 찾아 길을 나섭니다.

(2013)

세상에 보내는 마지막 선물

침몰 13일째다. 기다림이 무섭다는 희생자 가족의 하소연도 아랑곳없이 팽목항엔 비가 내린다. 비바람에 힘없이 무너진 임시천막이 인재 앞에 무기력한 우리의 현실을 보여주는 듯 처참하다. 누군가 일으켜 세워보지만 텅 빈 천막 안엔 적막만이 감돈다.

시신 유실을 막기 위해 대기하던 저인망 어선들도 높은 파도에 모두 철수됐다. 부둣가엔 오가는 사람 없어 스산함만 안개처럼 피어올랐다. 희생자 가족이 머무는 진도실내체육관 모니터에는 파도에 밀려 힘없이 떠있는 두 개의 공기주머니가 40여 미터 바다 속의 희망을 전해주고 있을 뿐이다.

팽목항은 죽음의 바다가 됐다. 온 국민의 염원에도 기적은 일어나지 않았다. 그러나 아직은 희망을 놓고 싶지 않다. 그곳에는 시신도 찾지 못한 실종자 유가족들이 울부짖고 있기 때문이다. 그곳에는 말이 필요 없다. 서로 멀거니 바라보면 가슴으로 전율을 느끼게 된다. 그것이 진정한 위로다. 대구 지하철 사고로 자녀를 잃은 아버지는 팽목항을 찾아와 멀거니 바다만 바라봤다고 토로했다. 유가족들에게 뭐라 마땅히 할 말이 없었다고 한다. 그 어떤 말도 그들에게 위안이 될 수 없음을 알기 때문이다. 먼저 겪었던 사람으로서 말없이 그들을 바라보는 것으로 위로의 마음을 전하고 있다. 고통을 경험한 자만이 느끼는 침묵이다. 눈빛으로 말하고 가슴으로 다가가는 따뜻한 위로다.

지금에 와서 누구를 탓하기엔 시간이 너무 흘렀다. 사람과 사람이 존중된 사회, 누구나 권리와 의무를 다하는 평등사회의 구현이 우리가 짊어지고 나아가야할 과제다. 그것만이 희생자들의 넋을 만분의 일이라도 기리는 일이 아닌지 싶다. 비록 그들은 안타깝게 희생의 제물이 됐지만, 남아있는 우리의 아이들이 마음 놓고 미래를 위해 꿈을 펼칠 수 있는 세상을 만들어 주라는 경고이기도 한 셈이기 때문이다.

올봄은 유난히 가뭄이 심했다. 봄꽃들도 아름다움을 제대로 피워내지 못하고 시들었다. 이상기후의 변화가 불안의 암시였는지도 모른다. 꽃망울보다 더 아름다운, 이제 막 세상의 눈을 떠가는 순진무구한 아이들이 바람에 날리는 꽃잎처럼 우리 곁을 떠나갔다.

울부짖는 그들의 메아리를 듣고도, 물속에 잠기는 모습을 바라보며 속수무책으로 가슴만 태워야했던 우리가 바로 죄인이었다. 우리가 할 수 있는 일은 아무것도 없었다. 기적을 바라며 눈물짓는 연약한 모습뿐이었다.

절체절명의 위기 앞에 대한민국의 위상은 주저앉고 말았다. 희망을 기댈 수 있는 힘마저 사라져 온 나라가 패닉상태에 빠졌다. 우리는 너무도 어처구니없는 거짓된 세상에서 사는 것 같다는 생각이 들 수밖에 없는 현실이었다.

아이들이 보낸 마지막 순간의 문자 메시지를 생각하면 눈앞이 암흑으로 변한다. 공포 속에서도 자신들의 삶을 반성하고 가족들에게 사랑한다는 말을 남긴 채 주검으로 돌아온 그들의 심정을 나는 조금이나마 알 수 있기 때문이다.

37년 전 나는 전기 감전으로 죽기 직전에 구사일생으로 살아나 그 순간을 직접 체험했기에 지금도 생생하게 기억한다. 최후를 맞는 순간이 다가오면 놀랄 만큼 마음이 평온해진다. 지난 시간들에 대한 죄책감을 느끼게 되고, 그 순간이 지나면 가족에 대한 미안함이 엄습해 오면서 마지막 순간을 맞게 된다. 결국 '미안합니다. 사랑합니다'를 남기고 세상을 마감하게 된다. 짧은 생을 마감한 그들도 세상을 향해 사과를 하는데 그보다 많이 살아온 나는 세상을 향해 얼마나 많은 사과를 해야 할지 가늠이 되지 않는다.

'주검으로 돌아온 아들을 만나 감사하다'고 자신의 삶의 터전에 글을 올린 착한 어버이를 보라. 우리 민초들의 삶이 대부분 이러거니 깨어있는 착한 백성들을 위해서 위정자들이여 나서라. 오늘의 기성세대가 저지른 잘못을 뼈저리게 통감하라. 더 이상의 아픔이 우리 앞을 가리지 않도록 석고대죄 하는 마음으로 희망의 불빛을 보여라.

사흘 동안 비가 내린다. 하늘도 슬픔을 아는지 잔잔하게 내린다. 땅속 깊이 스미도록 소박하게 내린다. 메마른 대지는 촉촉이 윤기가 흐르고 시달린 잎들은 생기를 되찾고 있다. 지금 내린 비는 예전의 비가 아닌 줄을 나는 안다. 차디찬 바다 속에서 죽음을 맞은 희생자들이 이 세상에 보내는 마지막 뜨거운 선물이라는 것을….

(2014)

유월의 함성

유월의 햇살이 따갑기만 하다. 연일 계속되는 무더위로 식수까지 걱정해야 할 지경이 되었다. 한동안 가뭄에 대한 기억이 사라질 정도로 시절이 좋았는데 이게 웬 말인가. 곡식들은 타들어 가고, 뜻밖에 창궐한 전염병 메르스에 온 나라가 침체 국면이다. 다들 경제가 어렵다고 아우성인데 풀릴 기미는커녕, 찬물을 끼얹는 늑장 대응으로 화를 키웠으니 보건위생 후진국으로 전락한 셈이다. 관광객들이 현저히 줄고 의료강국의 이미지는 걷잡을 수 없이 추락하고 만 셈이다.

국제적 신뢰는 한 번 잃으면 회복기간이 오래 걸린다. 그들은 우리처럼 쉽게 동요하고, 쉽게 잃어버리지 않는다. 작금의 우리나라 상황은 외치도 내치도 방향을 잃고 헤매는 꼴이다. 국민은 안중에 없고, 위정자들은 오로지 권력유지에 매달린 형국이다. 이 나라의 앞날이 밝지만은 않아 보인다. 역사 앞에 진실은 칼날처럼 서슬 퍼렇게 노려보고 있다. 시간이 지나면 감춰진 흑암들이 드러나기 마련이다. 입으로만 떠드는 일자리 창출 어디까지가 진실인지 민초들은 알 길이 없다. 희망을 잃은 송아지처럼 끌려가는 판국이 됐으니, 미래가 불확실하다는 말이 빈말이 아닌 듯싶다.

세상은 언제나 우리 앞에 공평했다. 받아들이는 우리의 감정에 따라 높낮이의 기복이 있을 뿐이다. 하늘은 우리에게 문제가 생기면 빠져나갈 돌파구도 함께 내린다. 과정은 내린 자의 것이 아니요, 우리의 몫이다. 저마다 제몫을 찾는데 충실하면 해결의 실마리도 찾게 되기 마련이다.

이번 메르스 여파는 무지가 낳은 재앙이다. 국가가 안일하게 대처해 화를 키워 국민들을 더 불안하게 만들었다. 그 와중에 격리수용을 뿌리치고 제멋대로 행동한 감염자까지 있었으니, 가히 정부의 통제능력이 심히 의심되는 불안이 가중됐다. 처음 들어온 전염병이라 정보부족을 호소하지만, 속수무책으로 당하는 보건당국의 허술한 방역대책이 원망으로 가득한 건 당연지사다. 중동에서 유행하던 질병이 우리나라에서 창궐한 셈이니 뾰족이 변명할 여지도 명분도 없다. '어려움이 닥칠 땐 더 큰 어려움을 동반한다'는 말이 입증되듯, 경제적 어려움으로 고통 받는 민초들의 아픔은 더

심해졌으니, 하루속히 이 음침한 골짜기에서 헤어나는 길을 찾아야겠다. 논쟁은 더 이상 무의미하다. 선량한 국민은 논쟁을 원하지 않는다. 자신들의 정치적 실리를 위해 논쟁을 키워가는 현실이 우리나라 정치풍토다. 국민은 안중에 없고 정치만 있다는 볼멘소리를 들을 만하지 않는가?

'합하여 선을 이루라'는 성경말씀이 있다. 어려운 때일수록 서로가 하나 된 마음으로 극복하는 열정이 우리에게 필요한 시기다. 누구나 자기들의 입맛에 따라 비판을 하지반 정작 합리적인 대안을 제시하진 못한다. 우리 사회는 비판과 논쟁에 너무 많은 시간을 낭비하는 버릇이 있다. 새로운 방향을 찾고 구하는 일을 등한시한 경향은 미래사회로 가는 발목을 잡는 일이다. 이 피해는 고스란히 우리 국민에게 돌아올 뿐이다. 국민의 눈과 귀를 한 방향으로 몰아가는 언론의 책임이 크지만, 정작 그들조차 실리를 추구하는 방향으로 가고 있으니 안타까운 일이다.

이념논쟁과 상호불신은 치유되어야 할 우리의 중병이다. 이웃나라 일본을 보라! 국가적 이익을 위해서는 한목소리를 내는 것을 보고도 우리 스스로 새기지 않는다면 언제나 지기 마련이다. 독도는 우리 땅이라고 목 놓아 외쳐보지만, 독도란 이름조차도 우리 고유의 이름 '돌섬'을 일본인들이 표기한 이름이라는 사실을 아는 사람들은 많지 않다. 이제라도 우리 스스로를 돌아보고 세계 속의 한국으로 나아갈 준비를 하나하나 챙겨야하지 않겠는가. 우리의 자존심을 상하게 한 세월호 사건에 이어 메르스 사태까지 지켜보는 사람마다 안타까움을 느끼듯이, 그 심정으로 국가적 위기를 탈출하는데 힘을 모아야 대한민국의 위상을 다시 되찾을 수 있을 것이다.

누구나 말하지 않아도 동감하는 6월의 이 가슴 아픈 함성을 위정자들이여 새겨들으라. 먼 훗날 사가들의 펜 끝에 놀아나지 않으려거든 국민들이 원하는 눈높이를 맞추는 노력을 게을리 하지마라. 지금 당하는 고통의 시기가 위기탈출의 시발점이 되도록 공직자들이여 발 벗고 나서라. 말하지 말고, 행동으로 보여라. 그대들의 움직임이 보여야 국민들의 가슴에도 희망의 등불을 켜는 마지막 용틀임이 솟아나지 않겠는가? 우리에겐 전쟁의 아픔을 겪어낸 저력이 있고, 단시일 내에 가난을 떨쳐내고 세계 10대 무역국으로 당당히 일어선 능력이 있다. 그 위대한 힘의 원천은 국민들의 피와 땀이 일궈낸 결과물이다. 6월의 함성이 우리 다함께 새로운 기적을 위해 힘을 모으는 희망의 메아리가 되길 소원한다.

진통, 그 뒤에 감춰진 기쁨

달콤한 사랑을 나눈 지 열흘째다.

아침 햇살의 호위를 받으며 붉게 부풀어 오른 꽃망울이 팝콘처럼 터지기 시작했다. 도미노게임을 보는 듯 내 눈을 의심케 하는 경이로운 순간이다.

'신이시여! 이 황홀한 순간을 어찌하여 저에게 주신건가요?'

감격의 순간을 위해 기도하는 마음으로 자리를 지켰다. 꽃잎을 피우기 위해 바르르 떠는 마당홍 잎을 바라보는 내 눈빛도 붉게 물이 들어갔다. 아픔이 클수록 아름다움의 농도는 깊어져갔다.

목백일홍은 선홍색, 흰색, 연보라색 3종류의 색깔로 꽃을 피운다. 그중에 나는 선홍빛으로 피는 분재를 갖고 싶었다. 나무만 보고는 꽃을 구분할 수가 없다. 색깔은 꽃이 필 때 직접 볼 수밖에 확인할 길이 없다. 매년 꽃이 피는 100일 동안만 확인할 기회가 주어진다. 이제까지 내가 배롱나무 분재를 선뜻 갖지 못했던 이유이기도 하다.

한식구가 된 지 열흘 만에 그토록 갈망했던 붉은색 꽃봉오리가 모습을 드러냈다. 어떤 꽃이 필지 노심초사했던 나의 불안감을 일시에 불식시켜 준 사건이었다. 생면부지로 만났기에 몸매는 마음에 들었지만 어떤 색깔의 꽃이 필지 그만큼 걱정도 많았다.

기대를 저버리지 않은 배롱나무의 배려에 내 가슴은 통째로 붉게 물들었다. 붉은 꽃잎이 마음을 온전히 점령해 버렸다. 오순도순 정다운 미소로 마음을 나누는 사이 시샘하듯 한줄기 바람이 휩쓸고 지나갔다. 화들짝 놀라 바르르 떠는 가지를 부둥켜안았다. 무수한 생각이 스쳐지나갔다.

그동안 나는 꽃의 아름다움만 보는 실수를 범해 부끄럽다는 생각이 들었다. 시각적 관점에서 판단하고 좋아했다. 한 송이 꽃을 피우기 위해 열정을 쏟아내는 처절한 몸부림은 가엾기 그지없다. 이제부턴 진통 그 뒤에 감춰진 감각적 기쁨까지 느껴야 될 듯싶다. 그것이 꽃을 감상하는 최소한의 예의가 아닌가 싶어서다. 그래야만 꽃을 사랑한다고 자신 있게 말할 수 있을 것 같다.

점령군의 기세로 나풀거리는 꽃잎 속에서 진한 사랑의 세레나데를 보는 것은 감동 그 자체다. 작은 꽃잎 속에 감춰진 비밀을 해

독하면 한 편의 인생드라마를 보는 것처럼 생동감이 넘친다. 생이라 한들 피었다 지는 짧은 순간이지만, 다음 주자를 위해 서슴없이 자리를 내주는 배려에 감탄을 아니 할 수 없기 때문이다. 사랑은 배려가 낳은 감각적 기쁨이다. 누구나 공감되는 만국적 언어인 셈이다.

자칫 잊을 뻔한 신혼초의 황홀하고 달콤한 순간들을 재연이나 하듯 나는 지금 만당홍과 정분에 푹 빠져 있다. 기고만장한 나의 콧노래에 아내는 시큰둥한 반응을 보이지만 내심 우리의 사랑을 확인하는 나의 연출로 받아들이고 있음을 나는 안다. 정으로 깊어진 사랑을 패기와 열정으로 재현시키려는 나의 몸부림을 이미 눈치 챘기 때문이리라.

우리의 삶은 돌아보면 기쁜 일보다 슬픈 것들이 더 많은 자리를 차지하고 있음을 발견한다. 그럴 때마다 적자인생을 살아간다는 생각이 들어 늘 아쉬워했다. 적어도 반타작은 해야 살맛이 나지 않을까 싶었다. 그때부터 나와 연관된 기쁨의 소재를 찾기 시작했다. 내 취향에 가장 잘 맞는 베타포가 생기면 적극적으로 투자하는 습관이 생겼다. 그 투자는 기쁨을 넘어 행복으로 이어졌다. 나의 행복은 내생의 적자를 메우는 과정에서 하나, 둘 채워지기 시작한다. 만당홍과 나는 생면부지로 만났지만 우리는 서로의 욕구를 채우며 유익한 공존의 공간을 생동감 넘치게 만들어가고 있다.

소유의 완성은 행복을 느끼는 순간이 그 정점이다. 그 이상을 추구하는 시간들은 덤으로 생각하면 옳을 일이다. 지나친 소유의 집착은 오히려 많은 부작용을 초래해 상처로 돌아올 수 있기 때문이다. 피고 지면서 내준 자리에 또 피고 져 100일 동안 아름다움을 릴레이 하는 만당홍의 기개는 절제된 소유만이 최상의 기쁨을 누리게 된다는 확신의 미소였다. 아름다운 인생의 여정을 위하여 투자하는 일은 삶의 질을 높이는 행복한 동행이다. 누구나 할 수는 있으나 아무나 하지 않는다. 그 감동의 순간에 매료되어 청춘의 피를 수혈 받는 고귀한 사랑을 나눌 줄 아는 사람들이 누리는 행운이다. 침체된 자아를 끌어올리는 행운은 추구하는 자만이 누리는 특권이요 행복이다.

칠월 햇살에 맞서 타들어가는 검푸른 잎에 한 종지 물을 주었다. 선홍빛 꽃잎이 하늘을 찌를 듯 힘이 솟구쳤다. 폐부 깊숙이 행복 바이러스가 기를 쓰는 진통이 일어났다.

(2014)

풍 경

구름 한 점 없이 높푸른 가을 하늘이 풍년을 예상해도 좋으리만큼 눈부시다. 금융 불안으로 지구촌이 온통 야단법석들인데 가을 들녘은 막바지 햇살을 받아 황금물결로 출렁인다. 저 평화로운 들판을 보고 누군들 풍성함에 취하지 않을 자 있으랴!

장모님이 급성 심근경색으로 시술을 받았다는 소식을 듣고 고속버스로 전주에 병문안 가는 길이다. 복잡한 도심을 벗어나니 답답한 가슴이 열리고 차창 밖의 일색으로 아름다운 풍경들이 위로를 한다. 시시각각 변화하는 들녘에는 콤바인이 거북이걸음으로 추수하는 풍경도 보이고 바람을 타고 노는 허수아비의 능청스런 율동이 인상적이다.

나는 유년 시절까지 시골에서 살았기에 차창밖에 펼쳐지는 모습들이 새삼스레 가슴 벅차게 설렘으로 다가왔다. 저 탐스런 들판을 가꾸기 위해 순박한 농부들은 얼마나 많은 땀을 흘렸을까 생각하니 가슴이 뭉클했다. 언 땅을 갈아엎고 황토와 마사토를 섞어 체에 곱게 내려 정성으로 모판을 만들고 물을 끌어 들여 모내기를 하고 비료를 주고….

하나하나가 눈물겨운 노동의 대가로 이루어진 황금물결이 아니던가! 농촌의 일과는 모든 것들이 힘에 겨운 일들이다. 이처럼 힘들고 순박한 농민을 가슴 아프게 하는 뉴스를 접하고 가슴이 떨리는 부아가 치밀었다.

'쌀 직불금 제도'는 농사를 짓는 순수한 경작자에게 쌀 소득 보전금으로 일정금액을 지원하는 제도다. 이 제도를 악용하는 3급 이상 공직자들이 60~70명에 이른다는 보도는 우리를 더욱 슬프게 했다. 서울 근교는 대부분 투자를 목적으로 외지인들이 논을 소유하고 농사도 짓지 않으면서 쌀 직불금을 타는 어처구니없는 상황이 현실로 드러난 것이다.

생산 원가에 미치지 못한 농민들을 보호해주기 위해 생긴 제도가 농민의 가슴을 아프게 했다. 더구나 이들의 목적이 농지취득 후 8년 이상 농사를 지으면 양도소득세가 감면되는 혜택을 받기 위해서 직불금을 탔다는 사실에 경악을 금치 못한다. 꿩 먹고 알 먹는 재주를 부린 것이다. 그 소식을 접한 농민의 성난 시위가 일어났다. 누렇게 알곡으로 출렁이는 논을 트랙터로 갈아엎는 농민들의 시위 장면을 보고 눈시울이 뜨거워졌다. 소수이지만 어떻게 해서 이 나라의 가진 자들은 윤리와 도덕이 상식 이하로 추락했단 말인가. 없는 자들에겐 '투기'라는 말만으로도 소름이 끼친다. 짐승들도 함부로 서로의 영역을 침범하지 않는다는데 지성인이라 자처하는 인간들이 탐욕에 눈멀어 순한 농민의 터전까지 잠식하려 들다니…. 그러고도 버젓이 공직에 몸담고 있다는 사실이 우리를 분노케 한다.

'집안과 나라가 바로 서려면 시대가 바뀌어도 절대 흔들리지 않는 철학과 원칙이 있어야 한다'는 팔약조(八約條)의 정신을 후손들에게 이어 주기 위해 비를 세웠다는 전주류씨 전양부원군 종중의 정신이 눈에 띈다. 팔약조는 정쟁을 멀리하고 학문에 전념하며 지혜롭게 살 것을 다짐하고 후손들에게 제시한 삶의 여덟 가지 지침이다. 특히 눈에 띄는 대목이 위재불매전토(爲宰不買田土), 벼슬하고 있을 때는 땅이나 밭을 사지 않는다. 사거물언공사(私居勿言公事), 사사로운 곳에서 공적인 말을 하지 않는다. 어려운 시대에 우리의 가슴을 뜨겁게 하는 아름다운 말이다. 비록 350여 년 전에 만든 한 종중의 약조지만 오늘날 공직자의 윤리규정으로 받아들여도 손색이 없는 지침이다.

지난해 농지에 살지 않으면서 쌀 소득 보전 직불금을 받은 관외

경작자가 10만 6천여 명에 이른다니 놀랄 일이다. 이런 수단으로 부(富)의 대물림이 된다면 우리 젊은이들의 희망은 어디에 걸어야 되는지 아득히 멀기만 하다. 세계적으로 곡물 값이 오르고 식량 대란이 예고된 마당에 우리는 개발이라는 명목 하에 해마다 농지를 없애고 있으니 아이러니한 정책임이 틀림없는 것 같다. 아마도 농지를 잠식하는 무분별한 신도시 개발정책의 부당함을 예고하는 재앙의 예시인 줄도 모른다. 세상을 영원히 살 것처럼 욕심내고 상처 주는 삶을 사는 사람들도 죽음을 받아들여야 하는 운명이다. 결국 한 줌의 재로 사그라질 텐데 그토록 부에 집착해야 하는 이유는 알 수 없다.

자본주의 부의 상징인 빌게이츠가 사유재산을 사회에 환원하는 일에 남은 여생을 보내겠다는 뉴스를 접한 적이 있다. 그는 가치 있는 삶을 살기 위해 죽음을 의식하고 준비하는 마음으로 봉사를 택한 것이다. 자본주의 꽃이 부의 축척이라면 그 부를 공익을 위해 나누는 것이야말로 야생화 같은 진한 향기인 것이다.

신이시여, 가을 햇살을 듬뿍 받고 익어가는 곡식처럼 우리의 마음도 사랑과 나눔으로 가득 영글어 정(情)이 넘치는 신명나는 살기 좋은 나라가 되게 이끄소서. 동방의 횃불로.

(2008)

하얀 음악회

높푸른 가을 하늘에 어둠이 내리기 시작했다. 저녁노을을 따라 막바지 햇살을 모으는 담쟁이의 빨간 잎에서 윤기가 흘러내린다. 예정에 없던 초대를 받아 콘서트장으로 향하는 길이다. 이화여자 대학 정문 광장에 들어섰다. 넓게 펼쳐진 잔디 광장이 누릿누릿한 얼굴로 가을을 야금야금 삼키고 있다. 캠퍼스 안에는 도서관으로 향하는 학생들과 콘서트장으로 종종걸음 치는 중년 신사숙녀들의 모습이 가로등 불빛에 쓸려 긴 그림자로 교차하는 하모니를 만들어내고 있다.

늦은 시간 7시 공연이다. 아내와 나는 일행을 기다리는 동안 아름답게 가꿔진 캠퍼스를 걸으며 공연에 대한 이야기를 했다. 오랜만에 보게 된 콘서트가 기대도 되고 설레기도 하지만 실감은 나지 않았다.

아무런 정보도 없이 그냥 끌려온 처지라서 궁금증은 더했다. 우리 손에는 입장표도 팸플릿도 없다. 공연장에 도착하면 안내를 해준다는 지인의 말만 듣고 왔기 때문이다.

이화여자대학 정문광장에는 웅장한 협곡처럼 길 양쪽으로 휴게실과 도서관이 있다. 책상마다 주황색 스탠드를 켜놓고 공부에 열중하는 학생들이 보였다. 아내와 나는 발걸음을 잠시 멈추고 한참동안 지켜봤다. 해외에서 공부하고 있는 정효와 희정이 모습으로 보였다. 잠시 침묵의 시간이 흘렀다. 아내의 눈시울이 젖어 왔다. 나도 속으로 울고 있었다. 남자와 여자의 감정이 서로 다르게 표출되고 있었다.

일행이 도착했다는 전화가 우리의 침묵을 깨웠다. 음악당 쪽으로 희미한 불빛을 토해내는 길바닥포스터가 눈에 들어왔다. 그 포스터 앞에서 일행을 만났다. 포스터를 보는 순간 울렁거렸다. 70년대 전설의 포크송가수 방의경 귀국 콘서트였다.

때: 2008. 10. 18.
장소: 이화여자대학교 김영희 음악홀
노래: 방의경 음악: 김광석.

고맙게도 지인이 VIP석으로 안내를 했다. 화려하거나 웅장하지 않은 소박한 홀이었다. 70년대를 돌이킬 수 있는 분위기가 마음을 차분하게 이끌었다. 방의경은 지천명의 나이에 모교인 이화여자대학부속 중·고등학교 40주년 기념 콘서트를 위해 미국에서 기꺼이 온 것이다. 모교에 대한 사랑과 진한 향수로 한달음에 달려왔다고 한다. 무대에는 주황색 조명이 내려져 있고 세 개의 아담한 화분이 가을 향을 뿜어내고 있었다. 마이크를 사이에 두고 두 개의 빈 의자와 두 개의 통기타, 한 개의 전기기타가 나란히 놓여 있다. 정치, 경제적으로 어려웠던 70년대의 시절을 그대로 보여 주듯 소박하지만 가슴으로 느껴지는 감정은 벅차게 울렁거렸다. 저 황금 들녘의 넉넉함보다 더 풍요로운 순간이었다.

포크는 영국에서 시작된 서양 팝의 한 갈래다. 50년대 미국으로 건너가 도시 빈민 노동자들의 메시지를 노랫말로 담아낸 음악이다. 소외계층의 목소리를 대변하는 사회적 장르로 빠르게 자리매김 했고 당시 사회의 비판적인 메시지로 주목 받았다. 민중들의 가슴을 다독이는 민요 같은 음악이었다. 우리나라는 60년대 말 한대수 씨가 처음 선을 보였고 70~80년대 암울했던 시대의 돌파구를 위한 창구역할을 한 음악 장르다. 오늘의 주인공 방의경 씨는 당시 박 정권으로부터 대부분의 노래가 판매금지 처분을 받아 미국으로 이민을 간 것이다.

하얀 벽채에 설치된 쪽문이 열렸다. 김광석의 기타 연주가 시작됐다. 부드러우면서도 강하고 여유로운 듯하면서도 긴장감이 도는 그때 그 시절의 멜로디가 매혹적으로 들렸다. 감미로운 선율을 타고 주인공이 등장했다. 60대의 아줌마답게 요란하지 않은 옥색 드레스에 감색 숄을 걸치고 나왔다. 기립박수가 터져 나왔다. 관중은 불혹을 넘긴 사람들이 대부분이었다. 홀 안에는 순식간에 70년대 분위기로 가득 채워졌다. 격동기를 함께 겪을 때 불행하게 희생당한 넋들을 위해 만들었다는 '하양 나비'를 부르면서 눈시울을 적시는 주인공의 모습은 봄볕을 받으며 갓 부화한 하얀 나비와 흡사했다. '아름다운 것들' '불나무' 등 지나간 시대에 유일한 위안으로 들었던 추억의 노래들이 불려졌다.

숙연했던 장내는 함께 부르자는 주인공의 제의에 하나가 되어 목청이 터져라 합창으로 답을 했다. 고맙다는 인사와 함께 퇴장을 하고 이 시대의 기타리스트 김광석의 몽골고원 하늘에 총총히 박힌 별을 보고 우리 가락 오음계로 작곡했다는 '하늘가는 길'의 감미로운 연주로 막을 내렸다.

음악은 시대를 초월한 흥으로 사람의 감정을 끌어낸다. 무더운 여름날 깊은 우물에서 퍼 올린 냉수처럼 시원하면서도 맛깔스런 깊은 맛은 우리에게 기쁨을 만들어내는 촉진제요 지친 삶을 쉬게 하는 종합비타민이다.

만추의 계절 10월의 밤은 그렇게 깊어갔다. (2008)

행 복

부모로부터 물려받은 인체는 그 자체가 보물이다. 어느 부위를 닮았든지 부모와 비슷한 부분이 있기 마련이다. 얼굴에 나타나는 이미지가 그 첫째요, 속속들이 들여다보면 볼수록 닮은 부분을 발견하게 된다. 외형상으로 나타나는 부분은 쉽게 느낄 수 있지만 내면적으로 타고난 성격은 분별하기 힘들다.

닮는다는 것은 유전적 요소와 후천적 학습으로 구분할 수 있다. 유전적 요소로는 생김새와 피부가 대표적이며, 후천적인 요소는 예(禮)를 표현하는 행동과 생활습관에서 보편적으로 느낄 수 있다. 여자의 경우는 생김새와 좋은 피부를 갖고 태어나길 바라고, 남자의 경우는 남성미 넘치는 성품을 닮길 원한다. 그중에서도 좋은 피부를 물려받은 사람이 무엇보다 행복한 사람이 아닌가 싶다. 아무리 성형술이 발달했다고 한들 피부 조직을 바꿀 수는 없기 때문이다. 나이가 들어도 탄력 있는 피부를 유지하는 사람은 부러움의 대상으로 시선을 끌게 된다. 우리 인체의 조직은 어느 부분 하나 소중하지 않은 기관이 없다. 나는 그중에서도 좋은 피부를 갖고 태어난 사람이 가장 행복한 사람이라고 생각 한다. 우리 주위에 피부 미용숍이 많은 것도 그 이유 중에 하나가 아닌가 생각된다.

나는 부모로부터 보편적인 피부를 물려받았기에 별 생각 없이 살아간다. 내 아내는 발에 건성 피부를 유전적 요소로 물려받았다. 까칠까칠한 피부에 각질이 일어나기도 한다. 무더운 여름날에도 간편한 맘으로 슬리퍼 한 번 신어본 적이 드물다.

바람에 노출되면 여지없이 발뒤꿈치 피부가 갈라져 여간 고생이 아니다. 스타킹을 신으면 올이 나가기는 다반사요, 아껴 신어도 한 번으로 족하다. 어느 때부턴가 양말을 신고 다니는 습관으로 굳어졌다. 그나마 여름에는 나은 편이다 가을바람이 불어오는 기척만 있어도 발뒤꿈치가 갈라져 고통을 호소한다. 그럴 때마다 애처로운 생각이 들어 내 피부와 바꿀 수만 있다면 당장 바꿔 주고 싶은 마음의 충동을 느끼게 된다. 물론 당해보지 않은 내가 그 고통을 어찌 실감할 수 있으랴만 보는 것만으로도 충분히 알 수 있다. 여러 가지 반질 연고도 사용해 보았지만 일회성에 그쳤다. 그런 연유로 가을이 오면 아내는 발 관리에 더욱 바빠진다. 아니 가을이 오기 전에 이미 겨울 대비를 끝내야 한다.

깊어가는 이 가을에 아내는 싱글벙글 행복에 가득 찬 나날을 보내고 있다. 서로 일과를 마치고 집에 들어와 샤워를 하고 나면 아내는 예외 없이 발 손질에 여념이 없다. 예년 같으면 벌써 상처에서 피가 나고 고통을 호소했을 테지만 올해는 아직 멀쩡하다. 기뻐하는 모습에 취해 빙그레 웃고 있으면 내 손을 끌어다 살며시 당신 발꿈치에 올려놓는다. 어린 아이가 장난감을 사들고 퇴근하는 아빠를 보고 재롱을 부리듯 신이 잔뜩 나있다. 아내의 이런 모습에서 나는 뜨거운 정감을 느낀다.

지난 8월이었다. 어린 나이에 유학을 떠나 프랑스에서 미술공부를 하는 희정이가 방학을 맞아 친구와 함께 귀국했었다. 처음 집을 떠나 먼 이국에서 잘 적응하고 있으니 그것만으로도 큰 복이라 생각하고 늘 감사했었다. 딸애가 떠난 지 10개월이 지났지만 긴 세월처럼 느껴지는 것은 희정이는 말과 행동 그리고 깊은 속까지 이미 성인이 되어 있었기 때문이다. 외국에 나가면 고국이 그리워지듯이 부모 형제 곁을 일찍 떠났으니 정신적 성장이 빨라지는 것 같았다. 일시 귀국 선물로 빡빡하게 보낸 생활비에서 아끼고 또 쪼개 할머니는 머플러, 아빠는 넥타이, 엄마는 발 보습크림을 사왔다. 그 애가 엄마의 발 보습크림을 사온 이유는 자라면서 엄마의 아픔을 말없이 지켜봐왔기 때문일 테다. 프랑스에서는 발 보습크림이 유명하다는 홈스테이 이모의 말에 귀가 번뜩 뜨였는지 어느 날 이모를 졸라 함께 가서 구입했단다.

그때 가지고온 연고로 아내는 하루도 거르지 않고 발마사지를 했던 결과가 현실로 좋게 나타났으니 기쁨이 두 배인 셈이다. 연고를 바라보며 크게 웃는 아내의 모습이 너무 행복해 보였다.

나는 생일이나 기념일에 아내에게 선물을 했지만 희정이의 선물처럼 행복해 하는 모습을 본 적이 없기 때문에 서운한 감정도 들었다. 비록 작은 보습연고이지만 희정이는 탁월한 선택으로 엄마의 마음까지 감동시켰고, 그동안 나의 선택은 아내를 감동시키지 못한 일상적인 수준이었던 것이다.

"이대로 겨울이 온다 해도 두려울 게 없네."

아내는 양발 대신 스타킹에 구두를 신고 멋스럽게 외출할 수 있을 것 같다고 자랑이다.

선물을 한다는 것은 상대에게 기쁨을 주는 일이다. 크거나 값비싼 것이 좋은 것은 결코 아니다. 오히려 마음에 부담을 느끼게 되면 그것은 이미 선물로서의 가치를 잃은 것이다. 작고 소박한 선물이라도 받는 사람에게 얼마나 유익하느냐에 따라 기쁨도 행복도 두 배로 얻어지는 것이다.

모처럼 희정이와 컴퓨터에서 만남이 이뤄졌다. 홈스테이 이모가 며칠 후면 서울에 온다고 한다. 옆에서 지켜보던 아내가 "우리 귀

염둥아, 엄마 발이 너무 깨끗해졌다. 고마워. 근데 보습연고가 다 떨어져 가는데 하나 더 사서 보내면 안 될까?"

"응, 알았어."

아내는 딸의 안부보다 연고가 더 절박했던 모양이다.

가을바람이 감나무 가지에 앉았다가 날아갔다. 아내의 환한 웃음처럼 감들이 주황빛으로 붉어졌다. 아내의 발도 덩달아 윤기가 흘렀다.

(2008)

은행잎 단상

10월 첫째 주일, 예배를 마치고 돌아오는 길이었다. 금빛 왕관을 쓴 가로수 은행잎이 눈부시게 빛난다. 잔바람에 몸부림치며 바르르 떠는 울림이 천둥소리로 들린다. 비가 온다는 예보 때문일까? 조바심에 마음이 부산해진다. 고운 잎들이 비바람에 우수수 떨어지지나 않을까 염려해서다. 황금빛 잎이 하나 둘 날려 차창에 부딪힌다. 누가 누구에게 보낸 선물일까? 그중에 내 선물은 어디 있을까 하는 기대감에 조심스레 차창을 연다. 손에 잡힐 듯 비켜가는 사연들이 시야를 어지럽힌다.

어린 시절 샛노란 왕관을 쓴 은행나무가 있는 거리에서 은행잎을 줍던 모습이 떠올랐다. 돈이었다. 금가루를 뿌려놓은 듯 나뒹구는 잎을 줍기만 하면 텅 빈 주머니를 채울 수 있었다. 제약회사에서 징코민 추출을 위하여 수매했기 때문이다. 막힌 혈관을 뚫어 주는 기능처럼 어려운 농촌생활에 기쁨을 느끼게 하는 윤활작용도 함께한 것이다. 건전한 상생이었다.

금가루가 날리는 청와대 길을 지나가고 있다. 수많은 차량들이 오갔을 길이건만 오늘만은 나를 위해 열어놓은 한 자락 가슴으로 다가왔다. 햇살도 수줍어 구름에 살짝 가린 날씨, 저녁땐 겨울비가 내린다는 예보다. 화려하지도 그렇다고 을씨년스럽지도 않은 운치 있는, 늦가을에만 느낄 수 있는 호젓한 풍광이다. 설렘으로 가득한 황금빛 터널을 지난다. 은행잎이 흩날리는 거리를 바라만 봐도 주체할 수 없는 희열을 느낀다. 삼엄한 경계를 뚫고 창밖으로 사방을 곁눈질하며 지나간다. 신라의 왕관보다 더 화려한 금가루를 이고 지고 가는 중이다. 왕이 된 기분으로 기고만장한 표정이다. 나를 위해 순종만 하는 애마도 오늘은 금빛으로 치장을 해서일까? 여느 때보다 엔진소리도 숨죽이듯 고요하게 들린다. 삭막한 아스팔트 위만 달리다가 온기가 아직 살아있는 낙엽 위를 미끄러지듯 굴러가면서 정을 느끼고 있는지도 모른다. 사람도 자동차도 느끼는 감정은 매한가지인 듯싶다.

마지막 순간까지 나누고 떠나는 은행잎을 보면서 세상에 대한 나의 가치를 생각해 본다. 이 세상에 나는 어떤 모습으로 비춰질지 생각할수록 빈약하기 그지없어 보인다. 보는 사람들에게 애상과 잔잔한 기쁨을 주는 낙엽에 견줄 수 없을지라도 온기를 나눌 줄 아는 사람으로 기억될 수 있기를 소망해본다. 하지만 헛된 욕심임을 잘 안다.

길 건너 경비병이 빨리 지나가라고 손짓을 한다. 아뿔싸, 멈추는 듯 느린 속도로 가을정취에 빠져있는 나를 눈여겨본 모양이다. 이곳은 1급 경계지역이다. 차량통행만 가능한 지역이다. 주인도 아닌 것이 주인 행세하며 느긋하게 즐기려는 속내가 드러난 것이다. 지체 없이 지나야 할 길을 미적대는 나의 행동에 제동을 건 것이다.

외투를 벗는 순간 노란 은행잎이 책상으로 사뿐히 내려앉는다. 가을이 보낸 선물이다. 연노랑 잎에서 흘러나오는 연둣빛 향이 집 안 가득 물들기 시작했다. 연둣빛 치마에 노란 저고리를 입은 자태가 빼어나다. 눈 안에 쏙 들어오는 모양새며, 잘 배합된 색감이 꿈 많은 십대의 추억으로 끌어들인다. 가을이 되면 곱게 물든 낙엽에 사연을 담아 책갈피를 만들어 선물했던 기억이 되살아났다.

책꽂이에서 도톰한 책을 꺼내들었다. 책갈피를 만들겠다는 심사로 적당한 곳을 찾기 위해 책장을 넘기는 순간 숨겨진 보물이 번뜩 눈에 들어왔다. 10년 전 한일월드컵 개최를 기념하기 위해 그해 가을 고운 단풍을 모아 책에 꽂아놓았던 것을 까마득히 잊고 있었다. 압축된 은행잎에 '2002년 가을 끝자락'이란 글씨가 쓰여 있었다. 타임캡슐이 열리는 순간처럼 놀랄 일이다. 10년 전의 은행잎과 오늘 찾아온 은행잎이 형제였을지도 모른다는 생각이 스친다. 헤어졌던 혈육들이 나를 통해 재회하는 극적인 상황으로 묘사되었기 때문이다. 이들을 갈라놓은 죄인이 나라는 사실에 오금이 저려왔다. 어느 해부터인지 정확히 알 수는 없지만 가을 끝자락에 삼청동에서 청와대 앞을 지나는 가을 나들이에 매혹된 나의 끌림이 화근이었다.

본의 아니게 그들을 갈라놓은 셈이다. 지금에 와서 할 일이 있다면 더 이상 이산의 아픔을 겪지 않게 해주는 것뿐이다. 그동안 변리의 아픔을 어찌할 수 없겠지만 이제라도 마음의 정분을 마음껏 나누도록 양지바른 땅에 묻어주는 것이 마지막 배려인 것 같다.

낙엽 하나 줍는 것도 하찮게 생각해서는 안 될 일인 것 같다.

(2012)

인간적인 체온을 느끼게 하는 수필

이상보

(문학박사 · 국민대학교 명예교수)

일찍이 프랑스의 평론가 알베레스(R. M. Alberes)는 "수필은 지성(知性)을 바탕으로 하는 서정적(抒情的), 환상적(幻想的) 이미지의 문학이다."라고 했으며 프랑스의 사상가요 모랄리스트인 몽테뉴(Montaigne)도 수필을 "자기고백적인 사색과 검토의 글"이라고 한 바가 있다.

강병남님의 수필세계도 남다른 삶의 체험을 상상력에 의해 개성적으로 표현하여 독자들에게 감명과 재미를 주고 있어 가장 인간적인 체온을 느끼게 한다.

「선물」이란 수필에서 강 작가는 평소에 자기가 살아가는 심정을 그대로 나타냈다. 곧 "나는 선물을 선택할 때 몇 가지 기준을 둔다. 첫째로 값의 고하(高下)는 별 관심을 두지 않는다. 둘째, 귀하고 흔함을 구분하는 것을 중요시 여긴다. 귀한 물건일수록 가치가 있을뿐더러 받는 이의 마음도 흡족해지기 쉽다. 셋째, 내가 받는다고 생각하는 마음을 갖고 고른다. 이 세 가지 기준에 부합해서 선택하면 적어도 성공했다고 본다. 일반적으로 선물은 주는 거라고 생각한다. 준다는 느낌과 받는다는 느낌은 다르다. 준다고 생각하면 마음이 위축되고 받는다고 생각하면 마음이 넓어진다."고 쓴 것이다. 이렇듯 '글이 곧 사람'임을 읽는 이에게 알려주며 큰 감동을 주고 있어 뛰어난 작품임을 보여주고 있다.

「지금은 열애중」에서도 배롱나무 분재를 두고, 마치 애인처럼 여기며 글을 써낸 솜씨가 놀랍다.

「효우천(孝牛泉)」은 중국 운남성 곤명 서산에 여행을 가서 그곳 전설의 유래를 듣고, 공자(孔子)의 「효경(孝經)」을 소개하며 "여행은 보고 듣는 것에 국한되지 않는다. 잊고 살았던 지난 시간을 돌아볼 수 있는 생경한 이야깃거리가 있어 끌리는 것이다. 그 끌림을 찾기 위해 나는 오늘도 다음 행선지를 고민한다."고 끝맺는 글 솜씨는 놀랍다 할 것이다.

「우리의 영원한 천사」에서는 장인과 장모님의 팔순을 맞아 식구끼리 청산도 해변으로 여행을 가서 생신파티를 한 이야기를 썼다. 그런데 글머리(서두)에서는 감사한 마음을 담은 편지를 써놓았다.

그리고 이어지는 글의 내용은 효성이 지극한 글쓴이의 마음이 자상하게 적혀 있어 읽는 이로 하여금 큰 감동을 자아내게 한다. 글의 마지막에 "부모의 자식 사랑은 끝이 없다. 부모의 사랑은 '죽균(竹筠)'이요, '송심(松心)'이 어찌 아니겠는가? 곧은 절개와 헌신적 희생이 곧 덕(德)이요, 자식을 위하는 마음의 표석이 될 터이니 말이다."로 끝냈는데 이는 조선시대의 선비 성호 이익(星湖 李瀷)의 말을 이끌어 씀으로써 강 회장님의 넓고 깊은 학문세계를 보여주는 것이기도 한다.

「그 여인의 질주」에서는 강 작가의 아내 사랑이 묻어나는 심정을 나타내고 있다. 영부인 이금희 여사는 경기대학교 유아교육과와 이화여대독서지도자 전문교육과정을 수료하고, 동국대학교 불교대학원을 다닐 정도로 넓고 깊은 교양을 쌓은 분으로 요즈음은 서양화가로서 개인화실 '은보'에서 아름다운 그림 속에 살고 있다. 두 내외분의 향기로운 금슬이 잘 나타나고 있어 독자들은 가슴이 뭉클할 것이다.

「나는 운 좋게 살아남았다」에서는 현실 정치와 경제 상황의 그릇됨을 날카롭게 비판하고, 끝에 가서는 "강권적 통치보다 대화와 타협으로 국민과 소통하는 인정을 펼칠 때 성숙한 민주주의가 꽃필 것이요, 통치자와 국민 간에 신뢰가 쌓일 때 살기 좋은 복지국가 대열에 합류하는 길이 열릴 것이다. 자라나는 젊은이들이 희망과 꿈을 마음껏 펼칠 수 있는 나라, 법과 정의가 바로서는 나라를 구현하는 것은 우리 기성세대들의 몫이다. 더 이상 부끄러운 유산을 후손들에게 넘기지 말아야겠다."고 한 것은 매우 진솔한 애국심의 발로가 아닌가 싶다.

「담장을 헐어야」에서는 "나는 가슴 정중부에 하나님 동산 만들기를 시도하고 있다. 사시사철 꽃피고 새가 노래하는 살아있는 동산, 하나님이 주신 그 동산에서 마음껏 유영하며 자유를 누린다면 삶이 얼마나 신명날까? 나는 지금 나의 담장을 헐어내는 중이다. 독 안에 든 쥐처럼 세상에 갇혀 바동대며 살았던 지난 시간들을 하나 둘 털어내는 중이다."라고 신실한 기독교인의 심정을 글로 써낼 만큼 그의 인품이 드러나 있다.

「맷돌을 돌리며」에서는 "오랜 유학생활을 하고 돌아온 큰딸 정효가 손가락이 부어오르는 통증을 호소했다. 1년 동안 LSE에서 석사과정을 마치고 논문을 통과하면서 일순간에 방출한 에너지가 손이 부어오르도록 자신을 괴롭힌 것 같다. 찜질을 해주었다. 차도가 없었다. 수족냉증이 의심되었다. 걱정이 되어 전문병원을 찾아갔다. 중풍 전문병원으로 잘 알려진 집근처 DMC 한·양방 종합병원이다."라고 쓴 간결체문장이 읽는 이의 마음을 설레게 한다.

「산새의 울음」에서는 "새벽 산을 오르면 고요한 적막이 흐른다. 간간이 들려오는 산새소리가 유일한 동행자가 된다. 싸목싸목 내딛는 발걸음에 낙엽 부서지는 소리가 산을 오르고 있음을 느끼게 한다."고 순우리말인 토박이말을 알맞게 적어내고 있다. 강 회장님은 어느 글에서도 어려운 한자말이나 어설픈 서양말을 쓰지 않고, 우리말을 살려 쓰고 있어 읽는 이들에게 큰 깨달음을 주고 있다. 이는 곧 이분의 수필이 유다른 혼자만의 자랑거리가 될 것이다.

「행복한 세상 만들기」에서는 "입춘이다. 기다렸다는 듯이 SNS에 '입춘대길 건양다경(立春大吉 建陽多慶)'이 오른다. 해마다 나누는 인사지만 올해는 예년과 다른 분위기다. 생동하는 싱그러운 봄을 목을 빼고 기다리는 사람들이 유난히 많은 겨울이었기 때문인 것 같다.……규모가 작은 중소기업이지만 스스로 나눔을 실천하는 김 대표 같은 기업인이 있기에 어려움에 처한 사람들이 희망을 잃지 않고 애타게 봄을 기다리는지도 모른다. 한 사람의 생각이 세상을 바꾸는 힘이 되는 것은 그 마음에 진실이 담겨있기 때문이다. 아름다운 세상을 꿈꾸며 행복한 세상 만들기에 몸소 실천하는 그의 삶이 헛되지 않길 기도로 응원을 보낸다. 올해는 모든 사람들이 사랑을 듬뿍 느끼는 입춘대길 건양다경하시길 기원한다."로 글의 시작과 끝맺음을 하면서 한 중소기업 대표의 모범적 운영사례를 진솔하게 소개한 것이 읽는 이에게도 아름다운 여운으로 남게 하고 있다.

「승무원은 마지막이야」는 세월호 사건을 두고 쓴 글인데 사회의 부조리를 극복하고, 건전한 국가를 지향할 것을 조리 있게 밝혔다. 기승전결(起承轉結)의 문장구조가 뚜렷하다. "모두가 법 앞에 평등한 사회 구현이야말로 우리가 추구하는 이상적인 나라가 아닐까? 가진 자가 더 많이 양보하고 갖지 못한 자가 더 열심히 일하는 사회가 인류 복지국가로 가는 지름길이라면 우리도 마다할 이유가 어디 있겠는가. 출발의 깃발 높이 세우고 희망찬 행진곡을 연주하라.

오- 내 조국이여!

팽목항
이름 없는 포구가 일으킨
노도
노도가 삼켜버린
슬픔이기엔 분노가 더 크고
분노이기엔 슬픔이 더 큰
세월호 참사

때맞춰 6·4 선거
투표마다 쓰나미가 되어
젖은 마음들을 접어 넣는
노란 리본들의 표심

역사의 페이지엔 무엇이 기록될까
세월호
죽어버린 마도로스 정신
숭고한 의사(義死)
아니면 관피아
구원파

팽목항은 역사의 한 페이지에
이렇게 기록을 남겼다

'이것도 나라인가?'

시까지 곁들인 솜씨는 역시 시인이며 수필가인 강 회장의 진면목을 보여준 것이리라.

「아름다운 동행」에서는 첫머리에 "추석연휴를 반납하고 캄보디아 의료선교를 다녀왔다. 3일 동안 6백여 명의 진료와 치료. 이·미용을 시키고, 기드온에서 1천 권의 성경을 나눠줬다. 티 없이 맑은 어린이 3백여 명에게 꿈과 희망을 심어주었다. 주님의 인도하심 따라 행복하게 행사를 마치고 돌아오는 발걸음이 새털처럼 가벼웠다. 나누는 기쁨은 나눌수록 더 커지지 때문에 중독성이 있다. 육체적 피로는 잠시요, 정신적 행복감은 영원하기 때문일 테다."라고 적은 것처럼 기독교 신앙인으로서 다른 나라에 의료선교를 다녀온 작품에서 강 회장님의 신실한 인품을 만나게 되어 고맙고 기쁠 뿐이다.

「상처를 보며」에서는 "상처 없는 삶은 얼마나 무의미할까? 일생을 살아가며 문득 하루 한시라도 생각 없이 지낼 수 있으면 좋겠다는 상상을 해본다. 우리의 일상은 방황으로 시작해서 방황으로 생을 마감한다 해도 과언이 아닐 듯싶다."로 시작해서 외면의 상처와 내면의 상처를 열거하고, 끝맺음으로 "오늘도 길을 나선다. 방황의 길이다. 구슬을 꿰듯 맞춰 사는 삶은 피곤함을 가중시킬 뿐 흥미롭지 않다. 그 길이 어떻게 진행될지는 예측할 수 없지만 설령 원하는 길이 아니어도 걸어야한다. 내가 살아있는 한 머물지 않고 떠나야한다. 방황을 통해 얻어지는 아픔들이 또 다른 길을 안내하는 길라잡이가 된다는 사실을 알기에 실망하지는 않는다. 매일매일 새롭게 시작되는 일상을 통해 겪는 상처들을 아우르고 사랑하는 것이 나 사신을 지키는 일이기 때문이다."라고 적어낸 글솜씨가 놀랍다.

「열두 번째 선수」에서는 올림픽 경기의 축구시합을 보면서 온 국민의 단결을 자랑하고 있다. 특히 일본과의 경기에서는 이겨서 더욱 기쁨을 드러내면서 일본사람들의 부당한 처사에 각성하기를 바라기도 한다. "위를 이겨내고 예비전력 부족을 잘 극복하는데 일조한 올림픽경기처럼 안정된 대한민국을 위해 기쁨으로 하나 되는 힘을 키우는데 한마음으로 흥을 찾아 나설 때다. 우리의 흥이 부활의 꽃으로 피는 그날까지…."로 끝맺음을 함으로써 주제를 잘 살려내고 있나.

「우정」에서는 "오랜 시간 서로의 교감을 통해 공감대가 형성될 때 비로소 가능해집니다."라고 했다. 그리고 한진그룹의 H회장과 포드자동차 회사의 중역이 서로 만나게 되는 인연을 소개함으로써 우정의 큰 보람을 밝혀놓았다. 끝에 가서는 "우리는 인생이란 짧은 여정을 향해 함께 걷는 나그네들입니다. 지름길로 가든 돌아서 가든 어차피 종착역인 미완성의 길을 향해 가는 것입니다. 그 길을 가는 동안 넌지시 웃어줄 길동무가 있다는 것은 큰 행운입니다. 살아가면서 쌓인 번민과 고뇌, 욕심과 이기적 사고들을 훨훨 털어내고, 가볍게 갈 수 있는 동무, 당신은 나의 소중한 벗입니다. 목소리를 듣기만 해도 마음이 풍성해지는 말, 참으로 만나는 인연을 소홀히 할 수 없는 이유이기도 합니다. 나는 오늘도 그 행운을 찾아 길을 나섭니다."라고 끝맺음을 한 글쓰기의 옹골참이 갸륵하다고 여겨진다.

「세상에 보내는 마지막 선물」에서는 세월호의 참사를 자신의 일인 양 되돌아보고 있다. 나라 안에서 일어난 큰 비극을 자신의 일인 양 뜨겁게 껴안고 쓴 글이어서 읽는 이로 하여금 큰 감동을 받게 하고 있다.

「풍경」에서는 쌀 직불금 제도를 소재로 공무원들의 무책임과 부정을 규탄하고, 「유월의 함성」에서는 메르스를 소재로 정부 당국의 무능력을 비판하며, 「하얀 음악회」에서는 이화여대에서 열린 박의경과 김광석의 음악회를 소재로 아름다운 수필을 써놓았다.

「행복」에서는 딸 희정이가 선물한 발 보습크림을 받고 기뻐하는 아내의 모습을 통해 애틋한 부부의 사랑을 그려내고 있어 지은이의 따뜻한 인간성을 엿보게 한다.

사실 강 회장님은 일찍이 시인으로 한국문단에 오르고 시집 『언어의 창』을 펴낸 바가 있고, 수필가로도 문단에서 알려져 있는 분이다. 그래서 수필집 『문 열기 연습』도 펴냈었다. 그뿐만이 아니라 조선수필문인회를 창립하고, 그 초대회장으로서 연간 동인지를 제4호까지 엮어내기도 했다. 그런 분이 이번에 또 수필집 『길 밖에서 길을 찾아』를 펴내게 되었으니 크게 손뼉을 치며 기릴 수밖에 없지 아니한가?